Band 163

OutdoorHandbuch

Conrad Stein

Harz: Hexenstieg

DER WEG IST DAS ZIEL

Harz: Hexenstieg

© Copyright Conrad Stein Verlag GmbH.
Alle Rechte vorbehalten.

Der Nachdruck, die Übersetzung, die Entnahme von Abbildungen, Karten, Symbolen, die Wiedergabe auf fotomechanischem Wege (z.B. Fotokopie) sowie die Verwertung auf elektronischen Datenträgern, die Einspeicherung in Medien wie Internet (auch auszugsweise) sind ohne vorherige schriftliche Genehmigung des Verlages unzulässig und strafbar.

Alle Informationen, schriftlich und zeichnerisch, wurden nach bestem Wissen zusammengestellt und überprüft. Sie waren korrekt zum Zeitpunkt der Recherche. Eine Garantie für den Inhalt, z.B. die immerwährende Richtigkeit von Preisen, Adressen, Telefon- und Faxnummern sowie Internet-Adressen, Zeit- und sonstigen Angaben, kann naturgemäß von Verlag und Autor - auch im Sinne der Produkthaftung - nicht übernommen werden.

Der Autor und der Verlag sind für Lesertipps und Verbesserungen (besonders per E-Mail) unter Angabe der Auflagen- und Seitennummer dankbar.

Dieses OutdoorHandbuch hat 136 Seiten mit 47 farbigen Abbildungen sowie 10 farbigen Kartenskizzen, 9 farbigen Höhenprofilen und 2 farbigen Übersichtskarten. Es wurde auf chlorfrei gebleichtem Papier gedruckt, in Deutschland klimaneutral hergestellt und transportiert (die Zertifikatnummer finden Sie auf unserer Internetseite) und wegen der größeren Strapazierfähigkeit mit PUR-Kleber gebunden.

OutdoorHandbuch aus der Reihe "Der Weg ist das Ziel", Band 163

ISBN 978-3-86686-163-3   2. aktualisierte und erweiterte Auflage 2011
© BASISWISSEN FÜR DRAUSSEN, DER WEG IST DAS ZIEL und FERNWEHSCHMÖKER sind
urheberrechtlich geschützte Reihennamen für Bücher des Conrad Stein Verlags

Dieses OutdoorHandbuch wurde konzipiert und redaktionell erstellt vom
Conrad Stein Verlag GmbH, Postfach 1233, 59512 Welver,
Kiefernstraße 6, 59514 Welver, ☏ 0 23 84/96 39 12,
FAX 0 23 84/96 39 13, ✉ info@conrad-stein-verlag.de,
🖥 www.conrad-stein-verlag.de.

Unsere Bücher sind überall im wohl sortierten Buchhandel und in cleveren
Outdoorshops in Deutschland, Österreich und der Schweiz erhältlich.
Auslieferung für den Buchhandel:

D	Prolit, Fernwald und alle Barsortimente
A	freytag & berndt, Wolkersdorf
CH	AVA-buch 2000, Affoltern und Schweizer Buchzentrum
I	Leimgruber A & Co. OHG/snc, Kaltern
BENELUX	Willems Adventure, LT Maasdijk
E	mapiberia f&b, Ávila

Text und Fotos: Conrad Stein
Luftaufnahme Bodewerk von Udo Stieglitz mit freundlicher Genehmigung
der Elbaue-Ostharz GmbH
Karten: Heide Schwinn
Lektorat: Luisa Großelohmann
Layout: Manuela Dastig
Gesamtherstellung: AZ Druck und Datentechnik GmbH, Kempten

Titelfoto: Der Goetheweg und die Brockenbahn (📷 Markus Gründel)

Inhalt

Über den Autor	9
Symbole	10
Wissenswertes	10
Geschichte	10
Geografie und Geologie	12
Flora und Fauna	13
Hexenglaube und Walpurgisnacht	15
Reise-Infos von A bis Z	22
Anreise/Abreise	23
Ausrüstung	23
Beste Wanderzeit	24
Harzklub e.V.	24
Harzer Schmalspurbahnen (HSB)	25
Information	27
Klima	28
Literatur und Karten	28
Nationalpark Harz	29
Radwandern	30
Telefon	30
Transport am Weg	30
Unterkunft	31
Wandern von West nach Ost oder Ost nach West?	31
Wie unterwegs?	32
Routenbeschreibung	33
A: Hauptroute	36
Etappe 1: Osterode - Altenau	36
Etappe 2: Altenau - Torfhaus	58
Etappe 3: Torfhaus - Schierke	64

Etappe 4: Schierke - Rübeland	77
Etappe 5: Rübeland - Treseburg	86
Etappe 6: Treseburg - Thale	95
B: Südumgehung des Brockens	103
Etappe 7: Torfhaus - Braunlage	104
Etappe 8: Braunlage - Rübeland	117
C: Südroute über Hasselfelde	123
Etappe 9: Königshütte - Altenbrak	124
Index	134
📖 Übersichtskarten	34-35

freytag & berndt
www.freytagberndt.com

SCHAUEN SIE UNS RUHIG IN DIE KARTEN!

BESUCHEN SIE UNSEREN WEBSHOP

ERHÄLTLICH AUCH IN JEDER GUT SORTIERTEN BUCHHANDLUNG

WIEN · MÜNCHEN · PRAHA · BRATISLAVA · BUDAPEST · LJUBLJANA · MADRID

Wir konnten es selbst kaum glauben ...
... aber der Conrad Stein Verlag war der erste Buchverlag in Deutschland, der konsequent klimaneutral produzieren und transportieren ließ.

Was bedeutet klimaneutral gedruckt?
Wir haben unsere Druckerei mit der klimafreundlichen Produktion beauftragt. Dabei wird nicht nur klimaneutral, sondern auch nachhaltig, d.h. so umweltschonend wie möglich produziert. Dafür sorgen die Druckerei mit eigenen Klimaschutzbestrebungen und wir durch die Auswahl von umweltfreundlichen Materialien.

Die von uns beauftragte Druckerei berechnet mit einem auf den Druckereibetrieb angepassten CO_2-Rechner die Emissionen, die durch die Fertigung des Druckauftrags entstehen. Papier, Farben, Lacke, Klebstoffe und der Betrieb von Maschinen verursachen beispielsweise das klimaschädliche Treibhausgas Kohlendioxid. Im Anschluss an die Berechnung werden Emissionsminderungszertifikate aus anerkannten Klimaschutzprojekten in Höhe des berechneten Emissionsausstoßes gekauft und nach den Kriterien des Kyoto-Protokolls stillgelegt bzw. gelöscht. Ist dieser Prozess abgeschlossen, wird die Drucksache mit dem Logo "klimaneutral" versehen. Wir bekommen eine Climate-Partner-Zertifikatsnummer mithilfe derer Sie unter 🖥 www.climatepartner.com das Projekt finden, das mit der Abgabe gefördert wurde.

Nachhaltigkeit und angewandter Klimaschutz spielen für den Verbraucher eine große Rolle und werden verstärkt nachgefragt. Das Zeichen "klimaneutral" zeichnet ein Qualitätsprodukt aus, das mit einem hohen Grad an Verantwortungs- und Umweltbewusstsein hergestellt wurde. Wir vermitteln interessierten Verlagen gern Kontakt zu den verantwortlichen Stellen.

Vollgas - Treibhauseffekt - Klimachaos

Infos von
Greenpeace, 22745 Hamburg
www.greenpeace.de

GREENPEACE

Über den Autor

Conrad Stein radelte bereits im Alter von 13 Jahren allein von seiner Heimatstadt Kiel aus von Jugendherberge zu Jugendherberge in den Harz. Dabei muss er sich unterwegs mit dem Fernwehvirus infiziert haben, denn in seinen weiteren Ferien eroberte er sich so und per Daumen - und später per Vespa und VW-Bus - ganz Europa.

Zwei Reisen mit VW-Bussen durch Afrika, per Auto und Motorrad durch Nord- und Südamerika, nach Fernost mit der Transsib, mehrmals durch die Südsee nach Neuseeland und Australien folgten - in und durch insgesamt 83 Länder.

In Australien und Neuseeland leitete er vier Jahre lang mehrere Jugendherbergen, bis er schließlich nach Deutschland zurückkehrte und 1980 den Conrad Stein Verlag gründete, in dem inzwischen weit über 300 ReiseHandbücher und OutdoorHandbücher erschienen sind und der 2010 30 Jahre alt wurde. Aus der Verlagsarbeit hat er sich inzwischen zurückgezogen um sich ganz auf seine Bücher und Reisen konzetrieren zu können.

Das vorliegende Buch zeigt, dass ihn die Mittelgebirge immer noch (oder wieder?) interessieren und dass das Wandererlebnis in der freien Natur seine besonderen Reize hat.

Dankeschön
An Silke Kratschmer, Ulrich Becker und Reinhard Struve für Ergänzungen und Korrekturen.

Symbole

✋	Achtung	📖	Karten- oder Buchtipp
🏔	Aussichtspunkt	✝	Kirche
🚕	Auto, Taxi	⌘	Museum/Sehenswürdigkeit
🚌	Bahn	P	Parkplatz
BANK	Bank/Bankautomat	✉	Post
🚂	Brockenbahn	✉	Postleitzahl
🚌	Bus	✕ 🍷	Restaurant, Imbiss
☕	Café	⌂	Schutzhütte
@	E-Mail-Adresse	⊤	Sitzbank/Tisch
FAX	Fax	☎	Telefon
◨	geöffnet ...	☺	Tipp
💻	Homepage	☞	Verweis
🛏	Hotel, Pension, Gästebetten	①	Vorwahlnummer
ℹ	Information	🚐	Wohnmobilstellplatz
🏠	Jugendherberge, Wanderheim		

Wissenswertes

Geschichte

Obwohl es in den Randgebieten des Harzes zahlreiche Fundstellen von urgeschichtlichen Siedlungen gibt, setzte die Besiedelung des Harzgebirges erst gegen 950 n. Chr. ein. Vorher nutzten die sächsischen Könige das bis dahin herrenlose Mittelgebirge - wie es sich für Hoheiten geziemt - als Jagdrevier.

Größere Handelswege, die die Fürsten- und Königshöfe miteinander verbanden, führten zunächst um den Harz herum. In dieser Zeit wuchsen die ersten Verbindungspfade und -wege in und über den Harz. Die ersten Siedlungen entstanden im Hochmittelalter durch Rodungen, und landwirtschaftlich nutzbare Flächen und Siedlungsgebiete entwickelten sich als Inseln im Wald. Heutige Ortsnamen, die auf -rode, -hagen oder -feld enden, deuten auf eine solche Entstehung hin.

Im Jahr 968 wurden beachtliche Vorkommen von Silbererz bei Goslar entdeckt und bald abgebaut. Ein wirtschaftlicher Aufschwung setzte ein und Goslar erlangte in kurzer Zeit einen gesicherten Wohlstand - wohl auch in seiner politischen Bedeutung als Kaiserpfalz. Die Regenten vergaben die Ausbeutung von weiteren Vorkommen (Eisen, Kupfer, Blei, Zink und Arsen) als Lehen an Städte und Klöster, sodass immer mehr Menschen Arbeit und Auskommen fanden.

Das Bergwerk Rammelsberg beispielsweise wurde erst 1988 stillgelegt und ist heute als Museum und Weltkulturerbe zu besichtigen.

- ◆ Rammelsberg Museum, Bergtal 19, 38640 Goslar, ☏ 0 53 21/75 00, FAX 0 53 21/75 01 30, ✉ info@rammelsberg.de, 🖥 www.rammelsberg.de

Zum Abstützen der Gruben und zur Verhüttung des Erzes war der Holzbedarf sehr hoch, sodass große Waldflächen abgeholzt werden mussten. Die notwendige Energie zum Fördern des Erzes gewann man aus Wasserkraft, die durch das Anlegen von Teichen (kleinen Stauseen), Gräben (befestigten Kanälen) und Wasserläufen (unterirdische Stollengräben) gewonnen wurde.

Andauernde Unruhen - der Dreißigjährige Krieg, Hungersnöte und Seuchen wie die Pest - brachten Mitte des 14. Jahrhunderts den Bergbau vorübergehend zum Erliegen. Eine zweite Blütezeit des Bergbaus im Harz begann, nachdem Arbeitskräfte aus dem Erzgebirge angeworben worden waren. Die Oberharzer Bergstädte, wie Clausthal-Zellerfeld, St. Andreasberg und Altenau, erhielten als besonderes Privileg die sogenannte "Bergfreiheit", die u.a. Steuerfreiheit und gewerbliche Sonderrechte enthielt. Als sich die Erzvorkommen erschöpften, bzw. der Abbau sich nicht mehr rechnete, verarmte die Bevölkerung und die Kumpel verließen mit ihren Familien den Harz.

Ab Mitte des 19. Jahrhunderts, besonders aber nach dem Bau der Harzer Schmalspurbahn zum Ende des Jahrhunderts, milderte der einsetzende Tourismus die Not und es ging langsam aufwärts. Doch trotz des günstigen Klimas und der beeindruckenden Natur mit ihren Sehenswürdigkeiten blieb der Harz eine der ärmeren Regionen Deutschlands.

Ein weiterer Rückschlag war die Teilung Deutschlands nach dem Zweiten Weltkrieg, die die "Zonengrenze" mitten durch den Harz legte und Deutschland in Ost und West trennte. Das Brockenplateau und andere grenznahe Harzgipfel waren seit Kriegsende ein scharf bewachtes militärisches Sperrgebiet der DDR, in das selbst Einheimische nur mit einem Sonderausweis Zutritt hatten. Am 3. Dezember 1989 erzwangen mutige Wanderer durch eine Demonstration die Öffnung der Sperrzone.

Kurz darauf überschattete ein Unfall das freudige Ereignis. Ein Lehrer aus Bad Harzburg wollte auf eigene Faust einen Teil der Betonmauer durch Untergraben zum Einsturz bringen - was ihm auch gelang. Das zentnerschwere Teil stürzte leider in die falsche Richtung und erschlug den Mann ...

Geografie und Geologie

Der Harz ist ein über 100 km langes und zwischen 30 und 40 km breites Schollengebirge. Es wird in den landwirtschaftlich genutzten niedrigeren Unterharz - etwa unterhalb einer Linie von Bad Lauterbach im Westen nach Wernigerode im Osten mit Höhen bis zu 400 m - und in den Oberharz - mit überwiegend bewaldeten Höhen bis zu 800 m - geteilt. Neben dem Wurmberg (971 m) und der Achtermannshöhe bei Braunlage (926 m) ist der Brocken mit 1.142 m Höhe nicht nur der höchste Berg des Harzes, sondern ganz Norddeutschlands.

Die Harzlandschaften sind durch Hochebenen mit Mooren, eindrucksvollen Kerbtälern, Bergwiesen und zahlreiche Teiche aber auch durch aufragende Bergketten, Klippen, Blockfelder, Kiefernwälder und lang gestreckte, teils schmale Täler, charakterisiert. Raues Klima mit heftigem Niederschlag, schweren Stürmen und schneereichen Wintermonaten mit grimmiger Kälte machen den Hochharz einzigartig.

Der Harz ist das geologisch vielfältigste unter den deutschen Mittelgebirgen, in dem überwiegend basenarme Gesteine anzutreffen sind. Die Auffaltung erfolgte im Wesentlichen vor 350 bis 250 Millionen Jahren mit zahlreichen westeuropäischen Mittelgebirgen, beispielsweise dem Fichtelgebirge sowie dem Rheinischen Schiefergebirge (deren nordöstliche Fortsetzung der Harz ist).

Wie bei den anderen deutschen Mittelgebirgen ist es im Jungtertiär und Altpleistozän zu einer stärkeren Heraushebung gekommen - umstritten ist, ob sie gleichmäßig oder ruckartig erfolgte.

In den westlich des Brockens gelegenen Tälern weisen Moränenablagerungen wie Geröll, Schuttdecken und Sande darauf hin, dass der Harz in geringem Maße vergletschert gewesen ist. Es treten an mehreren Stellen Tiefengesteine auf, wobei das größte Vorkommen der Brocken-Granit ist, der im Oberkarbon aufgedrungen ist.

Der Unterharz liegt im Herzen Sachsen-Anhalts, wo offene Landschaften, aber auch Laub- und Mischwälder sowie mäandrierende Wiesenbäche und Flüsse, die Landschaft prägen. Burgen, Schlösser, Kirchen und sakrale Figuren geben Zeugnis von einer tausendjährigen wechselvollen Besiedlungsgeschichte.

Markante, überwiegend aus Sandstein bestehende Höhenzüge durchziehen das nördliche Harzvorland von Norden nach Süden. Wegen der günstigeren Klimaverhältnisse ist die Landwirtschaft bildbestimmend. Von der bewegten Kulturgeschichte zeugen typische Städte wie Goslar, Bad Harzburg, Wernigerode, Blankenburg oder Quedlinburg mit zahlreichen Schlössern, Burgen und Klöstern sowie teilweise beeindruckend erhaltenen Altstädten.

Flora und Fauna

Das Ökosystem Wald ist in Deutschland und natürlich auch im Harz kaum mehr ungestört, ist aber immer noch der relativ unberührteste und natürlichste Lebensraum für Säugetiere und Vögel. Trotzdem sind viele Arten auch hier verschwunden bzw. gibt es deutliche Veränderungen. So wurden beispielsweise Bär (1725 der letzte erlegt), Wolf (1798) und Luchs (1818) im Harz vom Menschen ausgerottet. Uhu, Auerhuhn, Wanderfalke und Haselhuhn starben aus, da sich ihre Lebensräume aufgrund der Bewirtschaftung und Verdrängung durch den Menschen erheblich reduzierten.

Natürliche **Buchenwälder** sind von der untersten bis in die montane Stufe der vorherrschende Waldtyp im Harz. In Lagen um etwa 700 m Höhe werden sie von Buchen-Fichten-Mischwäldern abgelöst. Die Buchenwälder nehmen wegen der Holzverwertung durch den Menschen eine erheblich geringere Fläche ein. Von der Umwandlung in Fichtenforste sind vor allem die Buchenwälder in der montanen Stufe betroffen.

Fichtenwälder natürlichen Ursprungs sind in Niedersachsen nur im Harz vorhanden. Sie kommen in den Hochlagen vor, d.h. ab etwa 800 m Höhe bis knapp unterhalb des Brockens. Aus den vorherrschenden Klimabedingungen ergibt sich ein extremer Lebensraum für seltene und gefährdete Tier- und Pflanzenarten. Wegen der starken Umweltbelastung durch Immissionen vor allem aus den Fabriken und Haushalten zu DDR-Zeiten kann davon ausgegangen werden, dass die Artenvielfalt gegenüber den ursprünglichen Verhältnissen stark zurückgegangen ist.

Natürliche Fichtenwälder weisen relativ wenig Farn- und Blütenpflanzen auf, während die Moos- und Flechtenflora ganz besonders üppig entwickelt ist. Sie finden in einem Klima mit etwa 200 Nebeltagen im Jahr optimale Voraussetzungen, was besonders Flechten weitgehend resistent gegen Luftschadstoffe macht. Trotzdem wurden in den Fichtenwäldern der hochmontanen Stufe 21 Moos- und 4 Flechtenarten der Roten Liste gefunden. Bei den Pflanzen gibt es allerdings erhebliche Defizite: 20 Blüten- und Farnpflanzen gehören zu den gefährdeten Arten.

Die **Oberharzer Moore** sind Sonderstandorte und die extremen Lebensbedingungen bieten nur speziell angepassten Tier- und Pflanzenarten einen Lebensraum. Andererseits sind diese Arten wenig flexibel und deshalb ganz besonders an ihren Lebensraum gebunden. Durch Ausbeutungsversuche in der Vergangenheit (beispielsweise Torfgewinnung, die aber rasch wegen Unrentabilität aufgegeben wurde) und Trockenlegung ist die Artenvielfalt hier sehr stark zurückgegangen.

Fließgewässer im Naturzustand sind heute im Harz nur noch selten zu finden. Die meisten haben jedoch noch Wildbachcharakter. Wegen der extremen Lebensbedingungen kann sich hier nur eine Flora und Fauna halten, die an die Standortbedingungen besonders gut angepasst ist. Auf jeden Fall gehören die Bäche und Flüsse zu den artenreichsten Lebensräumen: Zahlreiche Insektenarten leben während früher Larvenstadien an den Ufersäumen. Beispielsweise durchlaufen Bachforelle, Groppe und Äsche ihre frühen Entwicklungsstadien in der Gebirgsbachzone, während die Karpfenartigen in den Mittel- und Unterläufen vorkommen, die Cypriniden-Region genannt werden.

Die Hälfte des Wassers fließt in nur 60 Tagen jährlich ab. Vor allem im Frühjahr müssen die Bäche zur Schneeschmelze und nach heftigen Niederschlägen manchmal das Tausendfache von dem ableiten, was in Trockenzeiten abfließt. Wegen der schnellen Strömung und der daraus resultierenden kräftigen Durchwirbelung ist das Wasser fast immer zu 100 % mit Sauerstoff gesättigt. Weil die meisten Bäche in den Oberharzer Moorgebieten oder in basenarmem Gestein entspringen, weisen sie in Quellnähe niedrige pH-Werte, eine niedrige Gesamthärte und geringe Nährstoffgehalte auf. Moorgebietswasser, das bei starker Verwirbelung schäumen kann, ist aufgrund seiner bräunlichen Färbung leicht als reich an Huminsäuren zu erkennen.

Schon früh legten Menschen künstliche Grabensysteme zur Ausnutzung der Wasserkraft (z.B. Oberharzer Wasserregal ☞ S. 47) oder zur Be- und Entwässerung von landwirtschaftlich genutzten Flächen an und griffen damit in die Natur ein: Wasser wurde abgeleitet oder die Wasserflüsse wurden unterbrochen. In jüngerer Zeit wirkten sich die umfangreichen Maßnahmen negativ auf die Umwelt aus, die meist zum "Hochwasserschutz" ausgeführt worden waren - Verrohrungen, Verbauungen, Einengungen und Befestigungen taten ein Übriges.

Die **Wasseramsel** ist die einzige bodenständige Vogelart, die ihre Nahrung unter Wasser laufend auf dem Stromgrund erbeutet, aber auch die Gebirgsstelze und der **Schwarzstorch** finden ihre Nahrung am Strom. Die überaus seltenen Schwarzstörche brüten in ungestörten, wasserreichen Laub- und Mischwäldern.

Hexenglaube und Walpurgisnacht

Die Wurzeln der späteren Walpurgisfeiern sind germanischen Ursprungs und liegen somit weit zurück in vorchristlicher Zeit: aus Freude über das Ende des Winters feierte man ein Opferfest. Dabei sollten durch Verkleidungen mit Masken, Lärm und Feuer auch böse Geister vertrieben werden. Name und Inhalt dieses heidnischen Spektakels wurden zur Christianisierung vor etwas mehr als tausend Jahren dem neuen Glauben angepasst.

Der heutige Begriff **Hexe** leitet sich vom althochdeutschen Wort *hagazussa* (d.h. Zaunweib) ab, das erstmals in Glossen des 9. und 10. Jahrhunderts überliefert ist. Dieser Ausdruck wird später - etwa in der Zeit des Hochmittelalters - für Frauen (oft missgestaltet, beispielsweise mit einem Buckel) verwendet, die über Zauberkräfte verfügen bzw. geheime Künste beherrschen sollen.

Ihre dämonischen Fähigkeiten haben sie angeblich durch einen Pakt mit dem Teufel erhalten, durch den sie Krankheiten und Tod auslösen sowie finanzielle und gegenständliche Schäden anrichten können. Ihre magischen Kräfte sollen vor allem zur Osternacht, zum Andreastag oder ganz besonders zur Walpurgisnacht außerordentlich groß sein.

Zu späterer Zeit, etwa im 16. Jahrhundert, kam der **Hexensabbat** hinzu. An geheimen Orten sammelten sich die Hexen, um gemeinsam zu ihrer teuflischen Feier auf dem Blocksberg (einem fiktiven Berg, den es in jeder Region gab) auf Besen und anderen "Fluggeräten" zu fliegen. Im Harz war dies der Hexentanzplatz bei ☞ Thale und der ☞ Brocken war der sogenannte "Blocksberg".

Christliche Symbole und Handlungen wurden bei diesen schwarzen Messen verachtet und grotesk verzerrt. Schädliche Zauberei, sexuelle Hemmungslosigkeiten, wilde Tänze, obszöne Rituale wie das Küssen des Hinterns des Teufels, Kannibalismus und Kindermord gehörten angeblich zu diesen nächtlichen Festen. Dann ließen sich die Hexen mit dem Teufel vermählen, worauf dieser sie mit dem sogenannten Hexenmal (meist einem unverfänglichen Leberfleck) "auszeichnete" und ihnen die Fähigkeit zur Zauberei gab.

Für das richtige Feeling bei diesen Aktivitäten sorgte eine aus verschiedenen "geheimnisvollen" Zutaten hergestellte Hexensalbe aus Tollkirsche, Misteln, Schierling, Johanniskraut, Stechapfel und anderen Nachtschattengewächsen. Die Hexen rieben sich und ihr Fluggerät vor dem Flug mit dieser Salbe ein, die einen mächtigen Rauschzustand bewirkte und den Frauen das Gefühl des Fliegens vermittelte sowie die sexuelle Phantasie anregte - so kamen vermutlich die abenteuerlichen Berichte von den Orgien mit dem Teufel zu Stande.

Im Laufe der Zeit entwickelt sich die Nacht auf den 1. Mai als wichtigster Termin fürs Hexenfest - die nach der heiligen Walburga benannte Walpurgisnacht. Walburga war eine gelehrte Frau und Äbtissin, deren Leben in keinem Zusammenhang mit Hexen und dem Teufel stand. Erst ihre Heiligsprechung durch Papst Hadrian II. an einem 1. Mai stellte die Verbindung zur heutigen

Walpurgisnacht her. Durch ungezählte Wundertaten gilt sie als Schutzpatronin gegen böse Geister.

In Norddeutschland wurde der alles überragende Brocken der Hexentreffpunkt, um den Teufel zu verehren und von ihm neue Zauberkräfte zu empfangen. Die Walpurgisnacht entspricht dem amerikanischen Halloween am Ende des Jahres.

☺ Die Brockenhexe ist das typische Souvenir aus dem Harz. Kein Souvenirladen kommt dort ohne die hässlichen Puppen in jeder Form und Größe aus.

In den meisten Ländern Europas glaubte nicht nur das einfache Volk an die Existenz von Hexen, sondern auch die intellektuelle Führungsschicht und die katholische Kirche spielten dabei eine wichtige Rolle. Wurde im frühen Mittelalter der Hexen- und Teufelsglaube als Aberglaube bekämpft, änderte sich die Haltung der Kirche in späteren Jahrhunderten zu diesem Thema.

Die "Hexen" waren vor allem kräuterkundige Frauen und das, was Kräutermagie genannt wurde, wurzelte oft in einem tiefen Wissen um die Eigenschaften von Pflanzen und deren Anwendung, sodass oft Hebammen oder sogenannte "weise Frauen" unter den Beschuldigten zu finden waren.

1484 ordnete Papst Innozenz VIII. in einer päpstlichen Bulle das Aufspüren von Hexen als Christenpflicht unter Führung der Kirche an. Unter dem Namen "Der Hexenhammer" erschien drei Jahre später in lateinisch eine Anleitung der beiden Dominikanermönche Jakob Sprenger und Heinrich Institoris, das "Malleus Maleficarum". In diesem Machwerk wurden detailliert Mittel und Methoden zur Hexenverfolgung erläutert, der ganze Ablauf "wissenschaftlich" begründet und die Todesstrafe durch Verbrennen bei lebendigem Leib vorgegeben.

📖 Der Hexenhammer, dtv-TB, 860 Seiten, ISBN 978-3423307802, € 17,90

In Europa, in ganz Deutschland (auch vor allem im Harz), brannten die Scheiterhaufen. Über 300 Jahre lang wurden etwa 80.000 (!) Menschen der Hexerei beschuldigt und verbrannt - davon waren 75 % Frauen - aber auch männliche Kinder und Greise blieben nicht verschont.

▷ Als Mittel gegen Hexenzauber bei verhextem Vieh galt der am Walpurgisabend gepflückte Lerchensporn (Corydalis), der zum Ausräuchern der Ställe verwandt wurde.

▷ Wer in der Walpurgisnacht einen Kranz aus Gundelreben (Glechoma) trug, erkannte angeblich alle Hexen. In der ersten Mainacht gepflückt, mit Salz und Hafer vermischt, dem Vieh als Schutz gegeben, half die Pflanze gegen angezauberte Krankheiten.

▷ Als Orakel wurde geglaubt: Streue etwas Erde auf einen Stein und pflanze darauf zwei Vergissmeinnicht. Wenn diese aufeinander zuwachsen, wird deine Hochzeit bald bevorstehen bzw. dein Geliebter wird dir treu bleiben.

▷ Oder: Schmücke dich zu Walpurgis mit einem Efeukranz, seine Zauberkraft wird den Geliebten anlocken.

Heutzutage werden nur zur Walpurgisnacht in mehr als 30 Harzgemeinden gelegentlich Strohhexen im Walpurgisfeuer als Touristenattraktion verbrannt - allerdings nicht ganz unumstritten! In dieser Nacht wird auch sonst allerlei Schabernack veranstaltet - beispielsweise das Aushängen von Gartenpforten oder das Verstecken von Schubkarren auf Bäumen.

Hexenkräuter

Allgemeiner Volksglaube war, dass Heilpflanzen und Kräuter, um ihre magischen Wirkungen voll entfalten zu können, zu bestimmten Tagen, Mondphasen und Stunden geerntet und angewendet werden mussten. Die "Hexe" sammelte ihre Kräuter also nicht nachts, weil sie nicht gesehen werden wollte, sondern weil es für jede Heilpflanze einen günstigsten Zeitpunkt gab, an dem die Wirkung der Pflanze am stärksten war und sie durchs Ernten am wenigsten von dieser Stärke verlor. Bei Vollmond sind dies besonders Thymian, Bärlapp, Lavendel und Basilikum.

Bei abnehmendem Mond sind die Säfte der Pflanzen im Wurzelwerk gespeichert und deshalb sollte man bei abnehmendem Mond besonders Pflanzenwurzeln und Baumwurzeln sammeln - um nur einige Beispiele zu nennen - es ist das alte Wissen "um das Gärtnern nach dem Mond".

▷ In der Walpurgisnacht sammelten die Hexen von den Waldwiesen die Blätterspitzen der Herbstzeitlosen (Colchicum autumnale) und bereiteten daraus einen Hexensalat, mit dem sie Tiere und Menschen vergifteten. Zu dieser Zeit fangen ja tatsächlich die erst im Frühjahr erscheinenden Blattspitzen an zu verdorren.

▷ Die meisten typischen Hexenpflanzen gehören zur Familie der Nachtschattengewächse, zu der das Bilsenkraut, die Tollkirsche, der Eisenhut, aber auch das Kartoffel- und Tomatenkraut sowie der Tabak gehören. Viele enthalten Alkaloide, Skopolamin oder Atropin und haben dadurch eine halluzinogene Wirkung, d.h. sie rufen erotische Träume oder das Gefühl des Fliegens hervor.

Sie wurden zur Herstellung der mysteriösen Hexen- und Flugsalben verwandt; z.B. die Christrose und der Fliegenpilz (eine der ältesten Drogen der Menschheit). Mit diesen Salben sollen sich die Hexen vor allem vor dem Ritt zum Hexensabbat eingerieben haben.

Begriffe mit "Teufel" oder "Hexe" im Namen

- Teufelsauge: Adonisröschen
- Teufelskirschen: Atropa belladonna (Tollkirsche)
- Teufelskraut: Chelidonium majus (Schöllkraut)
- Teufelswurz: Aconitum (Eisenhut)
- Hexenbesen: Viscum (Mistel)
- Hexenblum: Anemone
- Hexenkraut: Actaea (Christophskraut), Circea (Hexenkraut), Hypericum (Johanniskraut), Valeriana (Baldrian)
- Hexenleiter: Farn
- Hexenmehl: Sporen des Bärlapps
- Hexenmilch: Euphorbia lathyris (Wolfsmilch) und Chelidonium majus (Schöllkraut)
- Hexennest: Viscum album (Mistel)
- Hexenring: im Kreis wachsende Fruchtkörper verschiedener Pilze
- Hexenrauch: Asarum europeum (Haselwurz)
- Hexenzwiebel: Bärlauch

Dichterworte zur Walpurgisnacht

Namhafte Dichter verewigten die Walpurgisnacht in ihren Werken. Der große deutsche Dichter *Johann Wolfgang von Goethe* beschreibt im "Faust", wie Menschen sich früher das Treiben in dieser Nacht vorstellten, denn Faust wird von Mephisto zur Walpurgisnacht auf den Brocken geführt, damit er sein Gretchen vergisst. Goethe reimt diese Zeilen zur Nacht der Hexen und Teufel:

"Die Hexen zu dem Brocken ziehn
Die Stoppel ist gelb, die Saat ist grün
Dort sammelt sich der große Hauf
Herr Urian sitzt oben auf.
So geht es über Stein und Stock,
Es farzt die Hexe, es stinkt der Bock.
Es schweigt der Wind, es flieht der Stern,
Der trübe Mond verbirgt sich gern.
Das leuchtet, sprüht und stinkt und brennt!
Ein wahres Hexenelement!
Der ganze Strudel strebt nach oben;
Du glaubst zu schieben, und du wirst geschoben."

… und weiter:
"Denn wenn es keine Hexen gäbe, Wer Teufel! möchte Teufel sein!"

Der populäre humoristische Zeichner und Dichter von "Max und Moritz" *Wilhelm Busch* schmiedete ebenfalls Verse zur Walpurgisnacht. Anfang des 20. Jahrhunderts wohnte er in Seesen am Harz und erlebte die Aktivitäten zum Hexenfest hautnah mit. Diese inspirierten ihn zu folgenden Zeilen:

"In der ersten Nacht des Maien
Läßt's den Hexen keine Ruh;
Sich gesellig zu erfreuen,
Eilen sie dem Brocken zu.
Dorten haben sie ihr Kränzchen.
Man verleumdet, man verführt,

Macht ein lasterhaftes Tänzchen,
Und der Teufel präsidiert."

Das Hexen-Einmaleins

Der vielseitige *Johann Wolfgang von Goethe* beschäftigte sich seit seiner Jugend auch mit Magie und Mystik. Sein Besuch auf dem Brocken und seine anderen Harzreisen haben ihn tief beeindruckt - was sich auch in seinen Werken wieder findet.

Im "Faust" steht das "Hexen-Einmaleins", eine scheinbar sinnlose Zahlen- und Wortspielerei, die tatsächlich aber von einer Anleitung zum Ausfüllen eines magischen Hexen-Quadrats handelt: die Summen aus den Waagerechten und den Senkrechten ergeben immer das gleiche Ergebnis.

Du musst verstehn!
Aus Eins mach Zehn,
und Zwei lass gehn
und Drei mach gleich -
so bist du reich!
Verlier die Vier!
Aus Fünf und Sechs -
so sagt die Hex -
mach Sieben und Acht:
Dann ist's vollbracht.
Und Neun ist Eins
und Zehn ist keins.
Das ist das Hexen-Einmaleins!

Die Auflösung des Hexen-Einmaleins:

10	2	3
0	7	8
5	6	4

So muss das magische Hexen-Quadrat aussehen, wenn es richtig gelöst wurde, denn die Summe jeder Zeile und jeder Spalte ergibt immer 15.

Reise-Infos von A bis Z

Idyll im Harz

Anreise/Abreise

▷ Osterode als Startpunkt des Hexenstiegs ist von Süden über die A 7 (Abfahrt Northeim) und dann über die B 241 (30 km) gut zu erreichen.

▷ Von Norden und Westen fahren Sie über die A 2 und dann auf der A 7 (Abfahrt Seesen); dann weiter über die autobahnähnlich ausgebaute B 243 (30 km).

▷ Aus **Berlin** kommend verlassen Sie die A 2 bereits auf der Ausfahrt Braunschweig-Nord und fahren über die A 39 bis zur Anschlussstelle Salzgitter auf die A 7. Von dort aus über Seesen nach Osterode.

▷ Aus östlichen Richtungen nehmen Sie am besten die A 38 Richtung Nordhausen und fahren dann 50 km auf der B 243 nach Osterode.

▷ Werktags verkehren fünf Züge zwischen Osterode und Seesen, dort können Sie umsteigen. Zusätzlich gibt es auch noch Busverbindungen.

▷ Die Bahnfahrt von Thale nach Osterode über Halberstadt und Salzgitter bzw. per Bahn und Bus über Goslar dauert ca. vier Stunden.

▷ 🖳 www.bahn.de

Ausrüstung

Muss man es extra erwähnen: Feste Wanderschuhe, Regenzeug, Mütze/Hut und etwas Tagesverpflegung für unterwegs sind angebracht - obwohl ich neben zünftigen Gamaschenhosen auf meinen Wanderungen auch schon den einen oder anderen Turnschuhträger erblicken konnte.

Besonders im Hochsommer kann es vor allem bei den schweißtreibenden Aufstiegen - trotz des schattigen Waldes - heiß werden, sodass eine gefüllte Trinkflasche immer dabei sein sollte.

Selbst im Hochsommer kann es auf dem Brocken empfindlich kalt werden, vor allem wenn es stürmt oder er sich in Wolken hüllt - dies gilt natürlich besonders im Frühjahr und im Herbst. Beachten sollten Sie auch, dass noch bis spät in den April hinein Schnee und Eis auf dem Brockengipfel keine Seltenheit sind.

Beste Wanderzeit

Der Weg ist für jedermann - auch für Familien mit Kindern - bestens geeignet. Meiden sollten Sie jedoch die Wochenenden mit Feiertagen, dann sind oft Gruppen unterwegs, die oft schon von weitem zu hören sind und natürlich die Rast- und Übernachtungsmöglichkeiten in Beschlag nehmen.

Ganz extrem ist es an Sommerwochenenden auf dem Brocken, wenn die Tagesausflügler mit der überfüllten Brockenbahn anreisen und das Plateau mit Kind und Kegel bevölkern.

Besonders reizvoll ist der Weg durch den Harz natürlich im Herbst wegen der bunten Mischwälder, aber der Frühling mit den blühenden Pflanzen im Unterholz und auf den Mooren ist ebenso reizvoll und lohnend.

Harzklub e.V.

Als der Harzklub 1886 zur Förderung des Fremdenverkehrs gegründet wurde, war es das erklärte Ziel, den Harz für Wanderer zu erschließen. Schwerpunkte im Aufgabenbereich des Harzklubs und seiner Zweigvereine im gesamten Harz und seinem Vorland sind dabei:

▷ Anlage, Markierung und Unterhaltung von Wanderwegen nach einheitlichen Richtlinien unter Berücksichtigung schutzwürdiger Bereiche
▷ Werbung für das Wandern; Herausgabe von Wanderinformationen und Wegbeschreibungen mit Hinweisen für naturgerechtes Verhalten
▷ Herausgabe und laufende Korrekturen von Wanderkarten

▷ Bau und Unterhaltung von Erholungseinrichtungen in der freien Landschaft, die dem Wanderer und der allgemeinen Lenkung des Wandertourismus dienen, wie z.B. Aussichtspunkte, Schutzhütten, Rastplätze, Orientierungstafeln, Lehrpfade, bewirtschaftete Wanderziele oder/und Hütten; Unterhaltung von Wanderheimen

♦ Harzklub e.V., Bahnhofstraße 5a, 38678 Clausthal-Zellerfeld,
☏ 0 53 23/8 17 58, FAX 0 53 23/8 12 21, ✉ info@harzklub.de,
🖳 www.harzklub.de

Harzer Schmalspurbahnen (HSB)

Ursprünglich entstanden Ende des 19. Jahrhunderts drei Eisenbahngesellschaften, deren Streckennetze schon bald miteinander verbunden wurden. Heute sind die Gleise insgesamt über 131 km lang und bilden das längste zusammenhängende Schmalspurbahnstreckennetz Deutschlands mit einer Spurweite von 1.000 mm - die Harzquerbahn mit Brockenbahn (80 km) und die Selketalbahn (51 km Länge).

Der Fahrzeugpark besteht aus 25 Dampflokomotiven, 6 Triebwagen, 16 Diesellokomotiven sowie einer Vielzahl historischer Personenwagen. Die beiden ältesten Dampflokomotiven wurden bereits 1897 gebaut (eine davon ist eine Malletlok) - was u.a. dazu führte, dass das Gesamtensemble der Harzer Schmalspurbahnen bereits 1972, noch zu DDR-Zeiten, unter Denkmalschutz gestellt wurde.

1993 übernahm die Harzer Schmalspurbahnen GmbH (HSB) als erste private Eisenbahngesellschaft mit regelmäßigem Reisezugverkehr in den neuen Bundesländern den Betrieb der Deutschen Reichsbahn (DR). Damit betreibt sie das größte Netz aller Schmalspurbahnen in Europa mit täglichem, historischen Dampfbetrieb. Gesellschafter der HSB sind die Landkreise Wernigerode, Quedlinburg und Nordhausen, die an der Strecke liegenden Kommunen, die Stadt Quedlinburg, die Gemeinde Tanne sowie die Kurbetriebsgesellschaft Braunlage.

Die Belegschaft besteht aus etwa 230 Mitarbeitern, die für die Beförderung von etwa einer Million Fahrgästen pro Jahr verantwortlich sind. Der höchste Bahnhof befindet sich auf dem Brocken mit 1.125 m über NN und der tiefste ist der Bahnhof Nordhausen Nord in nur 183 m Höhe. Die größte Steigung beträgt 4 % auf der Selketalbahn und 3,3 % auf der Harzquer- und Brockenbahn. Gehalten wird an 44 Bahnhöfen und Haltepunkten.

Insgesamt werden 400 Brücken und Überführungen sowie ein Tunnel durchfahren. Zwischen Steinerne Renne und Drei Annen Hohne durchfahren die Züge der Harzquerbahn 72 Bögen - mit dem kleinsten Bogenradius von nur 60 m. Sieben Dampfloks aus den 50er Jahren bedienen den fahrplanmäßigen Zugbetrieb.

Brockenzug bei der Ausfahrt vom Bahnhof Drei Annen Hohne

Seit 2009 wird über eine 6 km lange Anbindung von Braunlage ans Streckennetz der HSB bei Elend diskutiert, die gemeinschaftlich von Niedersachsen und Sachsen-Anhalt finanziert werden soll. Knackpunkt dabei ist - wie immer - das liebe Geld. Sachsen-Anhalt brachte in diesem Zusammenhang auch den Bau eines Liftes von Schierke zum bei Braunlage gelegenen Wurmberg ins Gespräch.

Hauptwebsite der HSB	www.hsb-wr.de
IG Harzer Schmalspur- und Brockenbahn e.V.	www.ig-hsb.de
Freundeskreis Selketalbahn e.V.	www.selketalbahn.de
Private Website zu den Harzbahnen	www.harzbahn.de

Information

Jeder Ort im Harz hat seine eigene Website und ist natürlich auch per E-Mail zu erreichen. Die entsprechenden Angaben finden Sie jeweils bei den Ortsbeschreibungen in diesem Buch.

Allgemeine Auskunft	www.harzinfo.de
Harzer-Hexen-Stieg	www.hexenstieg.de
Pauschalangebote	www.wandern-im-harz.de
Nationalpark Harz	www.nationalpark-harz.de
Harzer Schmalspurbahnen	www.hsb-wr.de
Oberharzinfos	www.harztourismus.de

Klima

Ja, ja das Wetter! - und: "Wenn der Hahn kräht auf dem Mist, ändert sich's Wetter oder es bleibt wie's ist." Die Sommermonate sind natürlich die schönsten im Harz, aber es kann besonders am Brocken zu dramatischen Wetterumschwüngen kommen.

Tief fliegende Wolken bleiben gern am Brocken hängen und verderben einem den Aufstieg. Entweder irren Sie durch die feuchtkalten Wolken - die Sie als Nebel wahrnehmen - und sehen nichts oder es gießt in Strömen und der Weg ist aufgeweicht, matschig und damit rutschig.

Im Falle schlechten Wetters trösten Sie sich mit Heinrich Heine, von dem überliefert ist, dass er ebenfalls den Brocken nur in Nebel gehüllt erlebte.

Literatur und Karten

Es gibt Hunderte von Büchern über den Harz. Ihr Buchhändler berät Sie sicher gern. Hier nur eine kleine Auswahl, die den Hexenstieg betreffen:

▷ Harzer Hexen-Stieg, 48-seitiges Heft mit Karte 1:30.000, Schmidt-Buch-Verlag, ISBN 978-3-936185-33-1, € 6,80

▷ Harzer-Hexen-Stieg, Wanderkarte 1:50.000, Kartographische Kommunale Verlagsgesellschaft - KKV, ISBN 978-937929-06-4, € 3,50, mit 96-seitigem Begleitheft, ISBN 978-937929-02-6, € 7

▷ Wandern im Harz, Harzwanderkarten-Set aus Wandern im Ostharz, Westharz und Begleitheft; Offizielle Karte des Harzklubs e.V., Landesamt für Landesvermessung und Datenverarbeitung des Landes Sachsen-Anhalt, ISBN 978-3-89761-111-5, € 12,90

▷   Harzer-Hexen-Stieg, Wanderkarte 1:25.000, Publicpress Publikationsgesellschaft, ISBN 978-3-89920-165-9, € 4,95 (die Leporellofalzung ist etwas gewöhnungsbedürftig, erweist sich dann aber als sehr brauchbar).

Nationalpark Harz

Der Nationalpark Harz ist einer von 14 deutschen Nationalparks. Er entstand erst 2006 aus der Zusammenlegung des "NP Hochharz" (gegründet 1990 mit der Freigabe des Brockens in Sachsen-Anhalt) und dem "NP Harz" (1994 gegründet in Niedersachsen). Es ist der einzige länderübergreifende Nationalpark Deutschlands. Der Park ist fast 25.000 Hektar (250 km^2) groß und bedeckt etwa 10 % der gesamten Fläche des Harzes. Er bietet Flora (Buchen-Fichten-Mischwald, aber wenige Eichen, Ahorne, Eschen und Ulmen) und Fauna (beispielsweise Luchse, Rehe, Rothirsche und Wildschweine) einen geschützten Lebensraum.

Unter dem Motto "Natur Natur sein lassen" schützen diese Parks die Tier- und Pflanzenwelt - ohne den Menschen auszusperren. Wo der Mensch in der Vergangenheit die Natur gestört oder sogar zerstört hat, wird mit Renaturierungsmaßnahmen versucht, den ursprünglichen Zustand wieder herzustellen. Besonders der einstige Bergbau veränderte die Natur empfindlich, denn die Gruben und Hütten verbrauchten wertvolles Holz. Geschlagene Laubwälder wurden durch schneller wachsende Nadelwälder ersetzt und die Torfstecherei machten den Hochmooren fast den Garaus.

♦   Nationalpark Harz, www.nationalpark-harz.de
📖   Deutsche Nationalparks I, Conrad Stein Verlag, ISBN 978-3-86686-269-2

Beachten Sie bitte ein paar einfache Regeln beim Besuch des Parks:
▷   Verlassen Sie die Wege nicht und verhalten Sie sich ruhig (Störung des Wildes).
▷   Rauchen und offenes Feuer sind nicht erlaubt (Waldbrandgefahr).
▷   Benutzen Sie die Müllbehälter.
▷   Pflücken und zerstören Sie nichts.
▷   Leinen Sie Ihren Hund an.
▷   Camping ist nicht erlaubt.

Radwandern

Ist der Hexenstieg auch für Radwanderer geeignet? Die Antwort ist ein zweideutiges "Jein". Ich schätze, dass auf 50 % des Weges ein Genussradeln möglich ist, ständig unterbrochen von 30 % schwieriger, enger und steiler Strecke und der Rest ist Plackerei - also schieben oder tragen. Wenn dann noch schweres Gepäck zu schleppen ist - nein Danke!

🖐 Auf den letzten 15 km von Treseburg nach Thale ist das Radfahren sogar ausdrücklich verboten und wird durch ein Drehkreuz zusätzlich verhindert.

🖐 Im Übrigen ist der Hexenstieg als Wanderweg konzipiert worden und Wanderer haben eindeutig Vorrang!

▷ Die Größe einer Radlergruppe sollte nicht mehr als vier Personen betragen.
▷ Durch Klingeln schon in größerer Entfernung sollte ein Nahen von hinten angezeigt werden.

🖐 Ein forsches und schnelles Fahren beim Passieren von Wanderern sollte unbedingt vermieden werden!

Telefon

Am gesamten Verlauf des Hexenstiegs kann wegen der Nähe zu Orten und Städten mit dem Handy telefoniert werden. Lediglich in engen Tälern kann es sein, dass die Sende- und Empfangsleistung eingeschränkt bzw. das Telefonieren unmöglich ist.

Transport am Weg

🚆 Die Start- bzw. Endpunkte Osterode und Thale haben DB-Bahnverbindungen, ansonsten können Sie vom ☞ Brocken und von den Orten

☞ Schierke, ☞ Drei Annen Hohne und ☞ Elend mit Zügen der ☞ Harzer Schmalspurbahnen zu den DB-Bahnhöfen Nordhausen, Gernrode und Wernigerode fahren.

🚌 In Niedersachsen fahren Busse des Verkehrsverbandes VSN/EFA zwischen den kleinen und großen Orten des Harzes. Auf der Harzseite in Sachsenanhalt verbinden Busse der INSA/NASA die Harzorte.

- 💻 www.vsninfo.de
- 💻 www.nasa.de
- 💻 www.efa.de
- 💻 www.insa.de

Unterkunft

Es gibt eine Vielzahl an Hotels, Pensionen und Privatzimmern sowie ein paar Jugendherbergen, Wanderheime und Naturfreundehäuser am Weg. Eine willkürliche Auswahl - die ich entweder selbst angeschaut habe oder die preisgünstig in der Nähe des Hexenstiegs liegen - führe ich bei der Routenbeschreibung auf.

Dies ist keine Qualitätsauswahl und ich freue mich auf Leserbriefe mit Tadel oder Lob zu den Häusern. Weitergehende Informationen zu Unterkünften finden Sie auf den Websites der jeweiligen 🛈 Touristeninformationen.

☺ Empfehlungen für weitere Übernachtungsmöglichkeiten und/oder Korrekturen können umgehend auf der Website:
💻 www.conrad-stein-verlag.de unter ☞ Programm veröffentlicht (bitte per E-Mail an den Verlag schicken) und gern in der nächsten Buchauflage aufgenommen werden.

Wandern von West nach Ost oder Ost nach West?

Den Hexenstieg kann man in beide Richtungen laufen - der Brocken oder die Brockenumgehung liegt immer in der Mitte. Entscheidend für meine Wahl der West-Ost-Richtung war der Hexentanzplatz in Thale als Höhepunkt am Ende der Wanderung.

Wie unterwegs?

Sie können die Wanderung in einem Stück in sechs Tagen absolvieren, wie ich sie in den Etappen beschrieben habe. Übernachtungsmöglichkeiten liegen direkt am Weg oder abseits in den Orten (zusätzlichen Zeitbedarf einkalkulieren). Vor allem in der Hauptsaison sollten Sie Übernachtungen schon von zu Hause aus buchen.

Wenn Ihnen Ihr Gepäck lästig ist, können Sie auch eine Wanderung "ohne" machen, d.h. das Gepäck wird zur jeweiligen Tagesunterkunft gebracht.

Anzeige

- Harzer Verkehrsverband, Marktstr. 45, 38640 Goslar, ☏ 0 53 21/3 40 40, FAX 0 53 21/34 04 66, ✉ info@harzinfo.de, 🖥 www.harzinfo.de
- Thale-Information, Rathausstr. 1, 06502 Thale, ☏ 0 39 47/25 97, ✉ info@thale.de, 🖥 www.thale.de
- Wandern im Harz, Unter den Linden 22, 38667 Bad Harzburg, ☏ 0 53 22/55 96 03, FAX 0 53 22/55 96 09, ✉ info@wandern-im-harz.de, 🖥 www.wandern-im-harz.de

☺ Wenn Sie ein Wohnmobil haben, können Sie jede Nacht in Ihrer fahrbaren Villa nächtigen. Wie geht das? Am Nachmittag oder Abend fährt einer von Ihnen per Bus, Taxi oder per Autostop zurück und holt das Wohnmobil nach. Parken Sie über Nacht an Ihrem neuen Startpunkt (frei oder auf einem Campingplatz/Stellplatz).

Radfahrer haben ein eigenes Kapitel unter ☞ Radwandern.

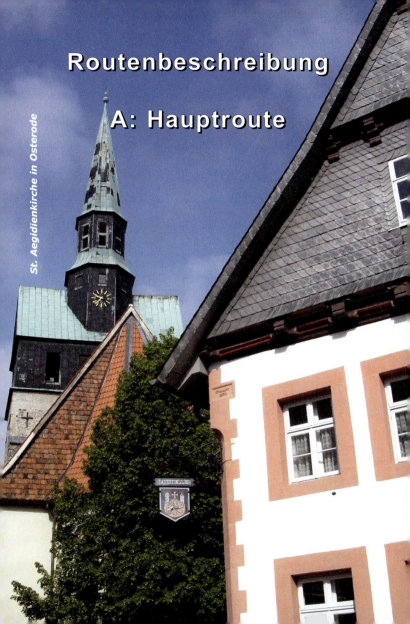

Routenbeschreibung

A: Hauptroute

St. Aegidienkirche in Osterode

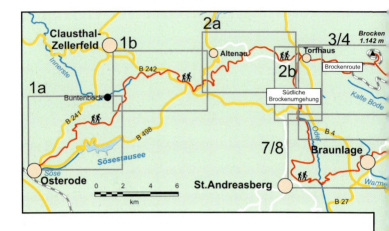

☺ Der Hexenstieg ist überwiegend gut ausgeschildert mit einer weißen Hexe auf einem Besenstiel reitend auf grünem Hintergrund. Die Brockenumgehung hat zusätzlich ein kleines "B" auf dem Schild.

Routen- und Etappenübersicht

A: Hauptroute

Etappe 1:	Osterode - Altenau	25,5 km
Etappe 2:	Altenau - Torfhaus	9,0 km
Etappe 3:	Torfhaus - Schierke	16,2 km
Etappe 4:	Schierke - Rübeland	19,0 km
Etappe 5:	Rübeland - Treseburg	20,0 km
Etappe 6:	Treseburg - Thale	11,4 km
		161,1 km

B: Südumgehung des Brockens (statt Etappen 3 und 4)

Etappe 7:	Torfhaus - Braunlage	23,0 km
Etappe 8:	Braunlage - Rübeland	25,1 km

C: Südroute über Hasselfelde

Etappe 9:	Königshütte - Altenbrak	21,4 km

Hexenstieg - Übersichtskarten

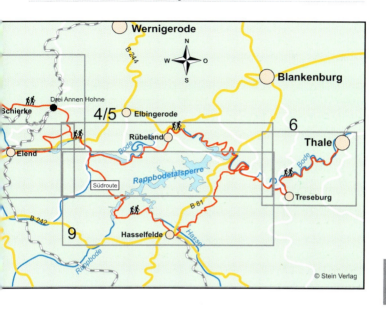

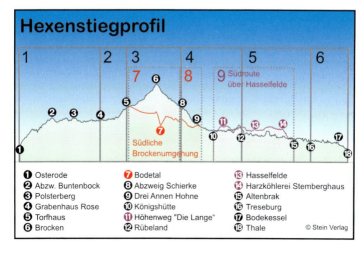

☺ Umwege oder Abstiege zu Übernachtungsorten sind in den Entfernungsangaben nicht immer eingerechnet, diese können sich gut und gerne auf zusätzliche 20 km addieren.

☺ Die Entfernungsangaben in diesem Buch habe ich mittels eines Pedometers selbst ermittelt und jeweils auf 100-m-Einheiten auf- oder abgerundet. Sie sind deshalb nur als ungefähr anzusehen.

A: Hauptroute

Etappe 1: Osterode - Altenau

Osterode DB ⇧ 215 - 460 m, 28.000 Ew.
 1.100 ✉ 37520 ☏ 05522

- 🛈 Touristinformation in der Schachtrupp-Villa, Dörgestr. 40, ☏ 31 83 33, FAX 31 83 36, ✉ touristinfo@osterode.de, 🖥 www.osterode.de
- ☺ Das jährlich herausgegebene "Urlaubs-Journal" enthält alle Sehenswürdigkeiten in Wort und Bild sowie alle Unterkünfte mit Ausstattung und Preisen.
- Hotel Zum Röddenberg, Steiler Ackerweg 6, ☏ 9 05 40, FAX 90 54 54, ✉ info@hotel-zum-roeddenberg.de, 🖥 www.hotel-zum-roeddenberg.de, EZ ab € 47, DZ ab € 76
- ♦ Hotel-Pension Börgener, Hoelemannpromenade 10 A, ☏ 9 09 90, FAX 90 99 13, ✉ hotel-boergener@t-online.de, 🖥 www.hotel-boergener.de, EZ ab € 42, DZ ab € 57
- Pension Coesfeld, Hengstrücken 111, ☏ 7 12 22, FAX 51 93, ✉ giesela.coesfeld@t-online.de, 🖥 www.pensioncoesfeld.de, EZ ab € 42, DZ ab € 57
- ♦ Pension Tiroler Stuben, Scheerenberger Str. 45, ☏ 20 22, FAX 31 02, ✉ pensiontirol@gmx.de, 🖥 www.tirolerstuben.de, EZ ab € 28, DZ ab € 46
- Jugendgästehaus, Scheerenberger Str. 34, ☏ 55 95, FAX 68 69, ✉ jgh.harz@osterode.de, 🖥 www.osterode.de (kein Jugendherbergsausweis erforderlich), ab € 20

Waldcamping Eulenburg, Scheerenberger Str. 100, ☎ 66 11, www.eulenburg-camping.de, (ca. 2 km vom 🅿 Bleichestelle).
☺ Kleine Auswahl, die keinen Anspruch auf Vollständigkeit erhebt!

Anzeige

In Chroniken wird Osterode schon um 1100 n. Chr. erwähnt und aufgrund seiner günstigen geografischen Lage am Schnittpunkt der wichtigsten Handelswege erlebte der Ort im 12. und 13. Jahrhundert einen wirtschaftlichen Aufschwung: Markt und Gericht gewannen an Bedeutung, die Osteroder brauten ihr eigenes Bier, prägten eigene Münzen und schlossen sich sogar dem 1241 zwischen Hamburg und Lübeck gegründeten mächtigen Wirtschaftsbund der Hanse an.

Sie schützten ihren Wohlstand 1233 mit einer 1.700 m langen Stadtmauer und fünf Jahre später bezeugen Urkunden eine "Bürgerschaft", einen "Rat" und den Bau der "Neustadt". 1261 wurde das Stadtwappen eingeführt, Wohlstand und Selbstbewusstsein wuchsen. Die Stadt hatte einen erheblichen Anteil an der Ausbeutung der Bodenschätze, am Holzreichtum des Harzes, nutzte die reichlich vorhandene Wasserkraft und trieb nutzbringend Handel mit Eisen und Kupfer sowie Gips aus den Lagerstätten am Stadtrand.

Der spätere Bildhauer und -schnitzer Tilman Riemenschneider wuchs in Osterode auf. Als er nach Wander- und Lehrjahren 1483 in Würzburg lebte, machte er sich bald einen Namen als begnadeter Künstler. In Süddeutschland begann seine beispiellose Karriere, die in Werken wie dem Heiligblutaltar in Rothenburg ob der Tauber (1501), dem Kreuzaltar in Dettwang (1510-13) und dem Creglinger Marienaltar (um 1505) gipfelten.

Beim großen Stadtbrand von 1545 blieben von der Feuersbrunst nur 40 Häuser verschont, auch Rathaus und Marktkirche wurden zerstört. Man hielt sich beim Wiederaufbau eng an den alten Stadtgrundriss und das überlieferte Fassadenbild. 1618 begann der Dreißigjährige Krieg und von 1625 bis 1627 wütete die Pest - sie raffte 1.200 Menschenleben dahin. Die durchziehenden Heere forderten ihren Tribut: Christian von Braunschweig, Graf von Tilly, die Pappenheimer, die Schweden, die Kaiserlichen und dann wieder die Schweden plünderten die Stadtkasse und marodierten durch die Stadt.

Im 18. Jahrhundert hatten die Osteroder die französische Besatzung im Siebenjährigen Krieg ausgehalten und sich dann fleißig wieder ihren Geschäften zugewandt. Die Stadt mauserte sich zu einem der bedeutendsten Wirtschaftsstandorte im Königreich Hannover: Tuchmacher und Spinnereien belieferten die hannoversche Armee, die Schuhmacher versorgten die Bergleute mit festem Schuhwerk, Hüttenwerke und Kupferhammer verarbeiteten die Kupfervorkommen des Harzes, die Gerber stellten Leder her, die Küfer bedienten mit Fässern und Kübeln u.a. die Osteroder Brauerei und das Brotgetreide wurde von Eselstreibern in die Oberharzer Bergstädte transportiert.

Mitte des 19. Jahrhunderts wurde Osterode zur "größten Industrie- und Gewerbestadt des Königreichs Hannover" und soziale Umwälzungen blieben nicht aus. Im Revolutionsjahr 1848 wurde der "Osteroder Arbeiterverein" gegründet und noch heute hütet der SPD-Ortsverein stolz die Fahne von 1868. 1871 wurde eine Bahnlinie eröffnet und 1885 wurde Osterode preußische Kreisstadt. Nachdem 1895 ein Großbrand 150 Gebäude in der Marienvorstadt in Schutt und Asche gelegt hatte, baute man an der verbreiterten

Bahnhofstraße den "Kaiserhof" als Renommierhotel, denn immer mehr Besucher kamen ins "Tor zum Harz" und der Fremdenverkehr nahm zu.

Nach 1945 mussten Tausende von Flüchtlingen und Vertriebenen aufgenommen werden. Eine Leistung, die nur in den nachfolgenden "Wirtschaftswunderjahren" möglich war. Gleichzeitig wurde das Stadtbild erbarmungslos "autogerecht" gestaltet und Osterode nahm seine führende Stellung als Industriestandort wieder ein. Die Randlage zur DDR erwies sich jedoch als Hemmnis, das erst mit der Wende Anfang der 90er-Jahre beseitigt wurde.

⌘ Der **Kornmarkt** mit seinen gediegenen Fachwerkhäusern ist schon immer der Mittelpunkt der Stadt gewesen. Dienstag- und samstagvormittags wird in der Fußgängerzone ein Wochenmarkt abgehalten. Ein Bauernmarkt findet hier an jedem 1. und 3. Donnerstagnachmittag (ausgenommen Januar und Februar) statt, ebenso das Altstadtfest und der Weihnachtsmarkt. Die "Drei schwatzenden Frauen" sind vom Künstler treffend in Bronze gegossen und lassen so manchen Besucher schmunzeln.

⌘ 1552 wurde das **Alte Rathaus** erbaut, nachdem beim großen Stadtbrand das ursprüngliche Rathaus den Flammen zum Opfer gefallen war. Heute beherbergt es das Stadtarchiv, das Trauzimmer des Standesamts und den Ratskeller.

⌘ Am Rollberg Ecke Untere Neustadt befindet sich das **Ritterhaus**, das seinen Namen einer Holzfigur an der Hausecke verdankt. Heute ist hier ein Museum untergebracht, das im wesentlichen zur Geologie des Harzes ausstellt, aber auch Funde von Knochen und Schädeln von Säugetieren aus der Eiszeit zeigt. In der Nähe sind auch Teile der restaurierten Stadtmauer zu sehen, die aus Flussgeröll der Söse bereits vor 1233 erbaut wurde.

♦ Ritterhaus, Rollberg 32, ☏ 91 97 93, 🖥 www.museum.osterode.de, 🕐 tägl. außer montags 14:00-17:00, Di bis Fr auch 10:00-13:00.

📖 Mehr Infos im Geopark-Faltblatt Nr. 11: 🖥 www.harzregion.de

⌘ 1719 bis 1722 ließen die Landesherren "zum Nutzen des Harzes" (utilitati hercyniae, so die Inschrift) am Ufer der Söse ein 70 m langes imposantes siebenstöckiges Gebäude erbauen, das 2.000 t Getreide auf mehreren Stockwerken fassen konnte: das **Kornmagazin**. Mitte der 1980er Jahre wurde das denkmalgeschützte Gebäude für ca. 10 Mio. DM zum Rathaus umgebaut.

Kornmagazin an der Söse

⌘ Mit dem Bau der klassizistischen **Schachtrupp-Villa** wurde 1819 begonnen, der Garten diente lange Zeit als Kurgarten. 1858 ging die Villa ins Eigentum der Stadt über und wurde u.a. als Gymnasium und später als Touristinformation genutzt.

✟ Der gewaltige Turm der **St. Aegidienkirche** beherrscht das Stadtbild. Im Kircheninneren sind die Kassettendecke, der holzgeschnitzte Taufständer, der barocke Kanzelaltar sowie einige Grabplatten sehenswert.

✟ Die trutzige **St. Jacobi-Schlosskirche** gehörte einst zu einem Zisterzienser-Nonnenkloster. Erwähnenswert sind hier der Altar, das romanische Taufbecken, die Orgel und ein Grabmal.

⌘ Die **Alte Burg** liegt auf einer Anhöhe oberhalb eines Friedhofs und wurde im 12. Jahrhundert erstmalig urkundlich erwähnt. Der etwa 60 mal 40 m große Burgbereich genoss durch die talseitigen Abhänge einen natürlichen Schutz; zum aufsteigenden Berghang hin befand sich ein Burggraben. Der 34 m hohe Turm hatte einen Durchmesser von 14 m und ganz unten waren die Mauern aus Quarzit bis zu 3,70 m dick. Ab 1512 wurde die Burg nicht mehr bewohnt, vermutlich waren Baumängel der Grund. Im Laufe der Jahrhunderte wurde die Burg langsam ausgeschlachtet, d.h. die Baumaterialien fanden anderweitig Verwendung. Heute ist sie nur noch eine mit Gipsmörtel zusammengehaltene Ruine, deren Besichtigung eigentlich nicht lohnt.

km 0   Vom riesigen 🅿 Parkplatz an der "Scheerenberger Straße" aus überqueren Sie auf einer Brücke zunächst die B 241, die in einen Straßentunnel hineinführt. Sie steigen dann den "Hundscher Weg" zunächst ca. 600 m ziemlich steil bergan.

Die Straße geht in einen Sandweg über und flacht ab. Vom Gipfelpunkt - etwa 80 m oberhalb der Stadt - haben Sie einen weiten Blick zurück auf Osterode, die weiße Felswand des Gipskarstgebirges und bei guter Sicht auf das südlich gelegene Leinebergland. Südöstlich ist der lange Höhenrücken des Rotenberges zu erkennen.

Heinrich Heine schreibt in seiner "Harzreise" 1824 über diese Stelle: "... von einer der ersten Höhen schaute ich nochmals hinab in das Tal, wo Osterode mit seinen roten Dächern aus den grünen Tannenwäldern hervorguckt wie eine Moosrose."

An einem blau gestrichenen Haus vorbei führt der Weg leicht ansteigend in einen Wald hinein. Der Hundscher Weg wurde einst von Eselskarawanen benutzt, die die Bergleute in Clausthal mit Brotgetreide aus dem Kornmagazin in Osterode versorgten. In der Gegenrichtung wurde das Erz zu den Verhüttungsplätzen außerhalb des Harzes transportiert.

An einer Dreifachverzweigung befinden sich ⊼ zwei Bänke mit einem Tisch und Sie nehmen den mittleren Weg weiter. Auffällig

Schutzhütte am Eselsplatz

sind in dem nun folgenden Waldstück die vielen toten Baumstümpfe. Der Weg steigt weiter an. Nach einem gemächlichen Anstieg passieren Sie im Wald einen Holzlagerplatz, wo auf der linken Seite ein Schild an den Mord an einer jungen Frau im Jahr 1876 erinnert.

An einem ehemaligen Aussichtspunkt auf den früheren Bergwerksort **Lerbach** (heute zugewachsen) befindet sich ein ⊼ Tisch mit zwei Bänken. Nach 200 m ist der **Eselsplatz** bei ...

km 3,8 erreicht, eine Kreuzung mit fünf Verzweigungen. Hier befinden sich ein ⊼ Tisch mit einer Bank sowie eine ⌂ Schutzhütte mit einer ⊼ Bank draußen. Im Inneren ist eine Feuerstelle mit Bänken ringsum eingerichtet. Diese Köte ist ein beliebtes Ziel auch für Tagesausflügler und brannte vor ein paar Jahren fast ab.

Der Sösestausee ist von hier zwar nur gut 700 m Luftlinie entfernt, aber durch den dichten Wald ist er nicht zu sehen. Der 500 m lange Talsperrendamm wurde 1931 fertig gestellt und war damals der größte Stausee Deutschlands. Er dient als Trinkwasserreservoir, schützt vor Hochwasserfluten und hat ein Spitzenzeitenkraftwerk zur Stromerzeugung.

Der Hexenstieg biegt hier links ab (der Hundscher Weg führt weiter geradeaus), führt bergab in einer Linkskurve in Richtung **Lerbach**. An dieser Stelle biegt der Hexenstieg rechts ab.
Nach 200 m weist ein Schild auf das ⇌ ✕ ♀ "Hotel Sauerbrey 1,2 km" hin. Dazu biegt der Weg links ab und führt hinunter.

⇌ ✕ ♀ Hotel Sauerbrey, Friedrich-Ebert-Str. 129, 37520 Osterode-Lerbach,
☎ 0 55 22/5 09 30, FAX 0 55 22/50 93 50, ✉ info@hotel-sauerbrey.de,
🖥 www.hotel-sauerbrey.de

Sie gehen leicht ansteigend rechts weiter. Kurz darauf bietet sich ein etwas zugewachsener 🄿 Blick von **Körnigs Ecke** und kurz darauf vom **Marienblick** über den alten Eisenhüttenort **Lerbach** bis Osterode.

Der Hexenstieg führt leicht gewunden weiter an einem Abhang entlang. Unten liegen noch die Ausläufer von **Lerbach**, dieses Wegstück wird "Rote Sohle" genannt.

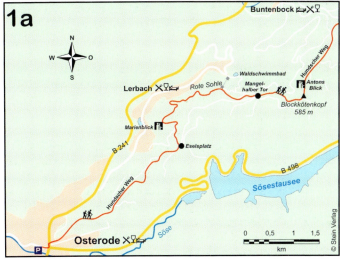

Der Weg erscheint rot, weil es hier Roteisenstein gibt, der bis etwa Ende des 19. Jahrhunderts in Lerbach abgebaut und verhüttet wurde. Roteisenstein bildet in zerkleinertem und nassem Zustand einen rotbraunen bis roten Schlamm. Möglicherweise stammt der Flurname Rote Sohl und folglich auch die heutige Wegbezeichnung daher.

Skilift mit Waldschwimmbad

km 6,2 Schlepplift für Skifahrer sowie eine ⌂ Schutzhütte mit Bänken an der Mühlwiese. Unten im Tal sieht man einen Teich, das Waldschwimmbad in etwa 1 km Entfernung einen Campingplatz mit einer ✕ ♉ Gaststätte liegen. Das Besondere hier ist eine umfangreiche Schnitzelkarte mit gut 30 verschiedenen Gerichten.

⌂ Campingplatz Waldschwimmbad, An der Mühlwiese 6, ☎ 0 55 22/7 41 58, 🖥 www.lerbach.de/camping-waldschwimmbad

Der Hexenstieg zweigt jetzt rechts ab und steigt leicht an. Wenig weiter zweigt nach links ein Forstweg ab, der ins Tal hinunterführt. Sie folgen dem Hauptweg aber nach rechts, der mit einem grünen Punkt gekennzeichnet ist.

A: Hauptroute - Etappe 1: Osterode - Altenau

km 7,2 Am **Mangelhalber Tor** münden von rechts drei Wege ein (u.a. der Hundscher Weg, den Sie am Eselsplatz verlassen haben).
Hier stehen zwei ⌕ Tische und Bänke. Gehen Sie auf dem Weg weiter geradeaus.
Vom 🄿 Aussichtspunkt **Antons Blick** haben Sie eine schöne Aussicht auf den gegenüberliegenden Höhenzug, der merkwürdigerweise "Auf dem Acker" heißt. Der Turm obendrauf ist aus Stein erbaut und ist die **Hanskühnenburg** (in 811 m Höhe). Nebenan steht eine Hütte, die ganzjährig benutzbar ist.

km 10,0 An der Wasserscheide Innerste/Söse in gut 600 m Höhe kreuzt der Hexenstieg einen anderen Hauptweg. Links geht's hinunter nach **Buntenbock** (1,3 km) und rechts etwas versetzt führt der Hexenstieg weiter in Richtung Clausthal-Zellerfeld.

Buntenbock 🚌 ⇧ 550 - 600 m, ca. 700 Ew.
🛏 300 ✉ 38678 ☎ 0 53 23

🛏 ✕ 🍷 Hotel Zur Tanne, Mittelweg 22, ☎ 35 91, FAX 21 58,
✉ landgasthaus-zur-tanne@harz.de

♦ Restaurant-Pension Am Kurpark, Mittelweg 13, ☎ 21 43,
✉ inbusa@gmx.de

⛺ ✕ Campingplatz Prahljust mit Restaurant und Schwimmbad, An den langen Brüchen 4, ☎ 0 53 23/13 00, 💻 www.prahljust.de (direkt am Hexenstieg).

☺ Kleine Auswahl, die keinen Anspruch auf Vollständigkeit erhebt!

Die Innerste war der wichtigste Fluss für den Bergbau im Oberharz. Sie lieferte einerseits die meiste Energie für die Bergwerke, war aber auch andererseits stark mit Schwermetallen belastet. Sie fließt über Buntenbock und Wildemann nach Nordwesten und mündet hinter Hildesheim in die Leine. Um die häufigen Hochwasser im Harzvorland zu vermeiden, wurde zwischen Lauthental und Langelsheim der Innerste-Stausee gebaut. Der Hexenstieg führt später noch bei km 13,4 an der Quelle der Innerste vorbei.

In nur knapp 1 km Entfernung in nordwestlicher Richtung befanden sich an den Pfauenteichen (östlich von Clausthal-Zellerfeld) die äußerst ergiebigen **Silbererz-Gruben Dorothea und Caroline**. Es war damals möglich, in eine

Grube einzufahren und unterirdisch zur anderen zu gelangen. Dies taten um 1800 u.a. Goethe, Heine, Schopenhauer und der Schotte James Watt. Heute ist außer der historischen Allee zur Grube Dorothea, dem alten Pulverhaus und verschiedenen Grenzsteinen nichts Oberirdisches mehr zu sehen. Auf dem Gelände befinden sich heute die modernen Gebäude der Firma Sympatec.

Der Hexenstieg führt jetzt in einen Nadelwald hinein, der Weg kann nach Regenfällen sehr aufgeweicht sein. Nach 50 m passieren Sie eine verschlossene Waldarbeiterhütte und es geht bergab. Der Waldweg mündet nun auf eine Schotterstraße, der Sie weiterhin bergab folgen. Nach wenigen 100 Metern teilt sich der Weg bei ...

km 10,8 vor dem Bärenbrucher Teich. Folgen Sie dem Weg nach links.

Der **Bärenbrucher Teich** wurde 1644 durch Stauung der Innerste angelegt, um die Wasserräder zum Antrieb der Pumpen und Fördereinrichtungen der Bergwerke westlich von Clausthal zu versorgen

Ziegenberger Teich

Nach ca. 100 m taucht der **Ziegenberger Teich** auf und der Hexenstieg führt auf einem Damm (⋒ mit Sitzbänken) zwischen den beiden Wasserflächen hindurch. Ein Striegelhäuschen auf dem Damm dient der Wasserhöhenregelung, um ein Überlaufen und somit eine Beschädigung des Dammes zu vermeiden.

Direkt am Damm steht eine ⌂ Schutzhütte mit Bänken im Inneren.

Die beiden Teiche und die im späteren Verlauf des Hexenstiegs folgenden Gräben sind Bestandteil eines ausgeklügelten Systems, das einst zur Wasserkraftgewinnung genutzt und als **Oberharzer Wasserregal** bekannt wurde. Insgesamt wurden 110 Teiche, 500 km Gräben und 30 km Wasserläufe als unterirdische Grabenfortsetzungen in Bergwerksstollen angelegt. Wasser wurde gebraucht, um in den Silber-, Blei-, Zink- und Eisenbergwerken Pumpen und Schöpfräder sowie Förderanlagen usw. anzutreiben.

Einerseits war Wasser gefürchtet, weil es in die Stollen und Schächte einsickerte und den Erzabbau behinderte oder sogar unmöglich machte. Andererseits konnte Wasser die Wasserräder drehen, die mittels Pumpen das eingesickerte Wasser aus den Gruben herausholten: "Wasser durch Wasser heben" war die Devise.

Das Kulturdenkmal Wasserregal bildet einen Komplex aus Gräben, Teichen und Stollen aus der Zeit zwischen 1536 und 1866. Heute sind noch 65 Teiche, 70 km Gräben und 20 km Wasserläufe aktiv. Dieses weltweit einmalige System steht unter Denkmalschutz (seit 2010 sogar zum Weltkulturerbe der Unesco erhoben) und wird heute dankenswerterweise durch die Harzwasserwerke unterhalten.

Der damalige Bergbau wurde erst durch von Wasserkraft angetriebene Maschinen (in der Bergmannssprache "Künste" genannt) ermöglicht, denn die Muskelkraft von Pferden (die bis dahin die Pumpen im Schacht mittels sogenannter Göpelanlagen ständig in Gang hielten), reichte schon bald mit wachsender Tiefe nicht mehr aus - dasselbe galt für Menschen ("Wasserknechte"), die mit Ledereimern Wasser schöpften.

Wie in vielen anderen Berufen oder Fachbereichen wird unter Bergleuten eine spezielle Sprache mit sonderbaren Begriffen gesprochen. Interessant ist ein Lexikon unter ...

♦   www.dorotheastollen.de/sites/doro_lexikon4.html

Probleme in der kontinuierlichen Wasserversorgung konnten trockene Sommer oder Vereisung im Winter bereiten, hier wurde mit entsprechenden Maßnahmen gegengesteuert.

☺   Eine Ausstellung zum **Oberharzer Wasserregal** ist bei den Harzer Wasserwerken in Clausthal-Zellerfeld zu besichtigen.

♦ Harzwasserwerke Betriebshof Clausthal, Kaiser-Wilhelm-Schacht, Erzstr. 24, 38678 Clausthal-Zellerfeld, ☎ 0 53 23/9 39 20, 🖥 www.harzwasserwerke.de, 📅 nur 1.4. bis 31.10., mittwochs und samstags 15:00 bis 17:00

Am Rande eines Grabens findet sich auf einer Tafel dieses schöne Gedicht:

> Was früher war des Bergwerks Nutz,
> steht heute unter Denkmalschutz!
> So dieser alte Wassergraben,
> den Bergleut' ausgeschachtet haben,
> damit in Gruben, ferngelegen,
> die Wasserräder sich bewegen.
> Reiß nichts heraus, wirf nichts hinein,
> lass beieinander, was aus Stein.
> Gemeinsam wollen wir erhalten,
> was, lang ist's her, gebaut die Alten.

Am Ende des Dammes befindet sich ein Überlauf, an dem das überschüssige Wasser des oberen Teiches in den unteren abfließt.

Eine kleine 🏠 Hütte dort (mit 🪑 Sitzbank) verdeckt den Schacht zum Einstieg des 940 m langen unterirdischen Bärenbrucher Wasserlaufs, der am Südende des weiter nördlich gelegenen Pixhaier Teichdamms endet.

> Nur 300 m weiter stößt der Hexenstieg auf einen Weg, der nach links geschottert und nach rechts schmal asphaltiert ist, dem Sie folgen.

km 11,5 Ein Weg zweigt nach links ab zum **Pixhaier Teich** und dem 🛏 ✕ 🍷 Hotel/Restaurant "Pixhaier Mühle" in ca. 800 m Entfernung. Von hier sind es ca. 2,5 km bis ins Zentrum von Clausthal-Zellerfeld.

🛏 ✕ 🍷 Waldhotel Pixhaier Mühle, An der Pixhaier Mühle 1, 38678 Clausthal-Zellerfeld, ☎ 0 53 23/22 15, FAX 0 53 23/79 83,
✉ pixhaier.muehle@harz.de, 🖥 www.pixhaier-muehle.harz.de

km 11,8 Der Hexenstieg trifft dann auf eine asphaltierte Fahrstraße, dort geht es links zum 🛏 ✕ 🍷 "Waldgasthof" ab.

✕ 🍷 Restaurant Waldgasthof, ☎ 0 53 23/9 878 34, durchgehend warme Küche ab 11:00, montags geschlossen

> Sie gehen weiter auf der Straße. Nach nur 50 m zeigt ein kleines Schild nach rechts auf einen Trampelpfad, dem Sie folgen. Er führt in den Wald zu einem Wassergraben. Biegen Sie hier links ab und gehen Sie hoch auf den Damm. Eine Schautafel erläutert, wie und wozu das Wasser benötigt wurde.
> Eine 🪑 Sitzbank mit Blick über den **Oberen Nassenwieser Teich** lädt zum Verweilen ein. Der Hexenstieg führt weiter über den Damm.

Zwei weitere Schilder auf dem Damm erläutern die damalige Wassertechnik. Hier beginnt auch ein Rundweg von 650 m Länge, der alles noch einmal veranschaulicht. Das Problem damals war, dass noch keine Rohre mit großen Durchmessern hergestellt werden konnten, sodass Gräben entlang der Höhenlinien geschaffen werden mussten. Interessant aber auch etwas verwirrend ist auch die Infotafel, auf der der Obere Fall erklärt wird.

Am Ende des Dammes biegt links ein Lehrpfad in den Wald hinein, der Hexenstieg biegt aber ca. 30 m dahinter ab.

Der Trampelpfad stößt auf eine schmale asphaltierte Straße. Folgen Sie dieser Straße nach links für ca. 300 m, bis rechts ein kleiner Pfad abzweigt und über kräftiges Wurzelwerk in den Wald führt.

Kurz darauf taucht der Teich **Entensumpf** auf, der ebenfalls künstlich angelegt wurde und zunächst der Wasserkraftgewinnung und später der Trinkwasserversorgung diente.

Ein großer Felsstein mit der Aufschrift "**Innerste Sprung**" markiert bei ...

km 13,4 die Quelle des Flusses **Innerste** in 615 m Höhe, die eingefasst aus einem Hang herausfließt und in den Entensumpf gelangt. Nach 95 km mündet sie hinter Hildesheim in die Leine.

Der Quellgraben der Innerste

Nach nur 150 m ist ein Forstweg erreicht, dem Sie nach rechts bergan folgen. Links unten ist der 🅿 Parkplatz Entensumpf an der B 242 zu sehen.

Der nun asphaltierte Forstweg beschreibt eine Rechtskurve. Gehen Sie geradeaus weiter den Berghang hinab. Kurz darauf ist die sogenannte **Hutthaler Widerwaage** mit ⊼ Sitzbank erreicht, ein dreieckig angelegtes Wasserbecken mit zwei Zuläufen und einem Abfluss hinunter ins Tal.

Eine Infotafel erklärt den bergmännischen Begriff der Widerwaage, die bei vollem Hirschler Teich das Wasser zurückstaute, bzw. die Fließrichtung umkehrte. Hierzu war ein absolut waagerechter Bau dieses Abschnitts erforderlich. Eine geniale Idee, die sogar funktionierte.

Der Hexenstieg verläuft weiter am **Hutthaler Graben** entlang und zwar direkt auf einem Damm, der zur Talseite aufgeschüttet wurde, um das Wasser zu halten.

Als einziger Graben im Oberharz wurde dieser über eine Länge von 1,2 km absolut waagerecht angelegt, um Wasser zwischen dem Hirschler Teich und dem Unteren Hutthaler Teich je nach Bedarf hin und her fließen lassen zu können; er ist also eine Fortsetzung bzw. ein Teil der Hutthaler Widerwaage.

Hutthaler Teichdamm

Nach ca. 1 km wird der **Hutthaler Teichdamm** erreicht, ein 138 m langer Aquädukt, über den das Wasser zur anderen Talseite geleitet wurde. An der anderen Dammseite ist der Auslauf des 730 m langen **Schwarzenberger Wasserlaufs** (ein unterirdischer Kanalstollen) zu sehen, der heute vornehmlich Fledermäusen und Lurchen als Quartier dient.

km 16,1 Bald darauf ist die B 242 erreicht, die Sie nach links versetzt zu einem 🅿 Parkplatz überqueren. Hier weist ein Schild auf das ✕ ⚲ **Polsterberger Hubhaus** in 800 m Entfernung hin, das Mahlzeiten und Getränke anbietet. Gegenüber vom Schild befindet sich etwas im Wald versteckt eine ⌂ Schutzhütte.

Das **Polsterberger Hubhaus** aus dem Jahr 1801 gehörte im 19. Jahrhundert zum Oberharzer Wasserregal, das das Wasser aus dem Dammgraben in den 18 m höher gelegenen Tränkegraben hob. Unter dem Hubhaus befand sich ein Schacht mit einer Pumpe, die wiederum durch Wasserkraft angetrieben wurde. Das nötige Wasser bezog man aus dem Polstertaler Teich, an dem sich unten im Tal zwei Wasserräder drehten. "Feldgestänge" aus Holz, ähnlich dem Pleuel einer Dampfmaschine, zusammen über 700 m lang, übertrugen die Kraft den Berg hinauf.

Zum Amt des Hubmannes und Grabenwärters gehörte das Schankrecht für Reisende und so ist das ehemalige Hubhaus auch heute noch eine viel besuchte Waldgaststätte. Pfingstmontags findet seit über 70 Jahren auf dem Polsterberg das traditionelle Brauchtumstreffen des Oberharzer Heimatbundes statt.

⇌ ✕ ♀ Waldgaststätte Polsterberg, ☎ 0 53 23/55 81,
 🖳 www.polsterberger-hubhaus.harz.de, 🕐 während der Saison tägl. 11:00 bis 19:00, kein Ruhetag.

⛺ Campingplatz Polsterberg, ☎ 0 53 23/55 82, FAX 94 82 58
 🖳 www.campingplatz-polstertal.de (etwa 1,5 km abseits Richtung Altenau).

> Sie gehen rechts hinunter an der B 242 entlang. In einer Linkskurve zweigt rechts ein Trampelpfad ab, der in den Wald führt. Der mit Baumwurzeln durchzogene Pfad endet an einem Forstweg, der gerade überquert wird. An einer Fünffachkreuzung nehmen Sie den zweiten Weg schräg rechts in Richtung Dammhaus.
> Sie erreichen den Einlauf des **Rotenberger Wasserlaufs**, der 770 m lang ist und durch den ein 2,7 km langes Teilstück des Dammgrabens um den Rotenberg herum überflüssig wurde.

Hier erklärt eine Schautafel den **Winterbetrieb** des Wasserkraftsystems. Ein Einfrieren der Gräben hätte den Bergwerksbetrieb stillgelegt, sodass die Gräben im Spätherbst mit Holz und Reisig abgedeckt wurden, um dies zu verhindern. Weil Holz durch das jährliche neue Eindecken immer knapper wurde, sind Teilstücke auch mit Steinplatten gedeckt worden bzw. man ersetzte sie durch Wasserläufe (unterirdische Stollen).

> Folgen Sie dem Graben, der weiter parallel zur Bundesstraße entlangführt, bis Sie wieder an die B 242 gelangen.

km 18,2 Vor Ihnen erstreckt sich der **Sperberhaier Damm**, der am höchsten Punkt 16 m hoch ist (hai = Kahlfläche). Da die Bundesstraße rechts stark abfällt, scheint der Damm durch eine optische Täuschung bergan zu führen, dabei beträgt das Gefälle tatsächlich nur 38 cm.

Zunächst verläuft der Wanderweg auf dem Damm neben dem offenen Graben, um später auf dem inzwischen verrohrten Graben abgedeckt weitergeführt zu werden. Nach heftigen Regenfällen, die der Graben früher nicht so schnell aufnehmen konnte, lief er über, das Wasser versickerte im Damm und verursachte so Schäden durch Erosion.

Das **Dammgrabensystem** wurde vor allem für die Wasserversorgung der außergewöhnlich ergiebigen Grube Dorothea gebaut (☞ Buntenbock).

Das Herzstück des Dammgrabensystems, der 953 m lange Sperberhaier Damm, wurde zwar jahrelang geplant und vorbereitet, aber in nur gut zwei Jahren von 1732 bis 1734 erbaut, wobei 300 bis 400 Bergleute - in Spitzenzeiten sogar 500 - mit einfachsten Mitteln per Schaufel und Schubkarre das Erd- und Felsmaterial (etwa 180.000 Kubikmeter) rechts und links einfach entnahmen und aufschütteten.

km 19,2 Am Ende des Dammes befindet sich rechts die ✕ ♀ Gaststätte "Sperberhaier Dammhaus".

Während der Bauzeit des Dammes diente das Dammhaus als Aufenthalts- und Umkleidehaus für die Bergwerksleute, später wohnte der Dammgrabenwärter darin. 2008 wurde das Dammhaus 275 Jahre alt.

✕ ♀ Sperberhaier Dammhaus, An der B 242, 38678 Clausthal-Zellerfeld, ☏ 0 53 23/91 14 95, 🖥 www.dammhaus-harz.de

Der Hexenstieg führt am 🅿 Parkplatz mit 🚌 Bushaltestelle nach links in den Wald hinein.

Unterhalb des Abzweigs der B 498 nach Altenau befindet sich ein großer **Kolk**, ein Wasserloch, das durch abgeleitetes und überflüssiges Wasser über die Jahrhunderte ausgespült wurde. Um die Auskolkung zu verlangsamen, wurde ein Holzrost als Prallboden eingebaut.

Hier knickt der Hexenstieg nach links ab und der Dammgraben verläuft auf der anderen Straßenseite der B 498.

Der Pfad stößt jetzt auf einen Forstweg, dem Sie nach links folgen - oberhalb verläuft die Bundesstraße nach Altenau. Nach etwa 200 m biegt rechts ein Pfad in den Wald hinein.

Alsbald passieren Sie ein Wildgatter, das eine eingezäunte Schonung vor Wildverbiss bewahren soll. Der nun folgende Wegabschnitt kann nach Regen morastig sein. Sie verlassen die Schonung durch das zweite Gatter.

An der lustig sprudelnden **Fieke-Märtens-Quelle** stehen zwei ⚓ Bänke, die zur Rast einladen (Martin Fieke lebte von 1660 bis 1733 in Altenau).

500 m hinter der Quelle wird die Bundesstraße überquert, und der Weg führt an einem Parkplatz mit ⚓ Bänken und Tisch wieder in den Wald hinein. Nach nur 100 m wird wieder der Dammgraben erreicht, der Hexenstieg folgt ihm nach links stromaufwärts.

km 21,6 An der **Eisenquelle** ist 2003 eine ⌂ Schutzhütte mit ⚓ Tisch und zwei Bänken aufgestellt worden. An der Eisenquelle selbst befinden sich zwei weitere Bänke.

Eisenquelle

Die Quelle ist nach dem eisenhaltigen Wasser benannt worden, das als rostrote Ablagerung zu sehen ist. Hier kreuzt auch der Gerlachsbach den Dammgraben. Eine Schautafel erklärt hier die vorhandenen kleinen Wehre, die den Wasserfluss regeln.

Der Hexenstieg führt immer weiter am Dammgraben entlang. Plötzlich taucht eine 1997 erneuerte Konstruktion auf, die es ermöglicht, einen von oberhalb einströmenden Bach bei zu viel

Wasser mittels eines Überlaufs abzuleiten, damit der Dammgraben nicht überläuft und beschädigt wird.

km 23,6 Auf der linken Seite wird ein Gebäude mit einem riesigen Pfannendach erreicht.

Es ist das **Grabenhaus Rose**, das als Wasserwerk (ähnlich einem Wasserturm in den Städten) Verwendung fand. Es wurde Mitte der 70er Jahre erbaut und versorgte bis vor wenigen Jahren Altenau mit Trinkwasser, das aus dem Dammgraben abgezweigt und hier aufbereitet wurde.

Wegen der Einführung strengerer hygienischer Vorschriften musste diese Praxis eingestellt werden. Heute beziehen die Altenauer ihr Wasser aus Clausthal-Zellerfeld. Die riesigen gekachelten Wassertanks dienen nur noch zur Wasserbevorratung.

Ein steiler Forstweg geht gut 400 m hinunter zur B 498, die nach **Altenau** führt.

Unten befindet sich ein großer 🅿 Parkplatz und gegenüber das 🛏 ✕ 🍷 Hotel "Forsthaus Rose".

🛏 ✕ 🍷 Hotel Forsthaus Rose, Auf der Rose 17, ☎ 4 01, FAX 2 54,
✉ Hotel.zum.Forsthaus@harz.de, 🖥 www.hotel.zum.forsthaus.harz.de

Nur 300 m weiter in Richtung Altenau liegt die 🏠 Jugendherberge.

🏠 Jugendherberge, Auf der Rose 11, ☎ 3 61, FAX 82 76,
✉ jh-altenau@djh-hannover.de

Nach weiteren 1,2 km ist das Ortszentrum von Altenau bei ...
km 25,5 und damit das Ende der 1. Etappe erreicht.

Altenau 🚌 ⇡ 420 - 928 m, ca. 2.000 Ew.
🛏 4.300 ✉ 38707 ☎ 0 53 28

ℹ Information & Zimmervermittlung: "Die Oberharzer", Hüttenstr. 9, 38707 Altenau, ☎ 8 02 20, FAX 8 02 68, ✉ info@harztourismus.com, 🖥 www.harztourismus.com

🛏✕🍷 Landhotel Alte Aue, Marktstraße 17, ☎ 9 80 10, FAX 98 01 43,
✉ info@landhotel-alteaue.de, 💻 www.landhotel-alteaue.de,
EZ ab € 35, DZ ab € 70

♦ Kurhotel Alte Mühle, Am Mühlenberg 1, ☎ 2 08, FAX 82 91,
✉ info@altemuehle-altenau.de, 💻 www.alte muehle-altenau.de,
EZ ab € 44, DZ ab € 65

♦ Moocks Hotel, Am Schwarzenberg 11, ☎ 98 19 50,
✉ anfrage@moocks-hotel.de, 💻 www.moocks-hotel.de, EZ ab € 35,
DZ ab € 76

♦ Hotel Zur Schmiede, Bergstraße 36 a, ☎ 2 30, FAX 82 41,
✉ info@harzhotel-zurschmiede.de, 💻 www.harzhotel-zurschmiede.de,
EZ ab € 42, DZ ab € 69

♦ Landhaus, Am Kunstberg, Bergmannsstieg 5, ☎ 2 55, FAX 2 56,
💻 www.landhaus-am-kunstberg.de, EZ ab € 27, DZ ab € 54

♦ Hotel Pension Sonnenhof, Am Kunstberg 3, ☎ 9 80 90, FAX 98 09 99,
✉ sonnenhof@sonnenhof-altenau.de, 💻 www.sonnenhof-altenau.de,
EZ ab € 26, DZ ab € 48

🚐 Wohnmobilstellplatz an der Kristalltherme "Heißer Brocken", Karl-Reinecke-Weg 35.

☺ Kleine Auswahl, die keinen Anspruch auf Vollständigkeit erhebt!

Anfang des 16. Jahrhunderts erließen die Landesherren die sog. "Bergfreiheiten", deren Vorteile (z.B. Holz zum Bauen und Heizen, Weiderechte, Back-, Markt- und Braurecht, Glaubensfreiheit sowie Ernennung von Richtern und Räten, usw.) überwiegend Bergleute aus dem sächsischen Erzgebirge bewogen, sich hier niederzulassen.

1617 erhielt Altenau das Stadtrecht. 1636 wurden die Bergfreiheiten verbrieft, womit Altenau zu den übrigen sechs "Freien Bergstädten" des Oberharzes gehörte. In dieser Zeit entstanden rings um Altenau viele Erzgruben, sodass 1610 eine Silberhütte gebaut wurde, die diese Schätze verarbeitete. 1618 brach der Dreißigjährige Krieg aus, und der Bergbau kam von 1620 bis 1630 ganz zum Erliegen.

Der Bergbau (Eisen und Silber) im Okertal, Schultal, Kleine-Oker-Tal, Große-Oker-Tal, Gerlachsbachtal sorgte für den Aufschwung des Ortes. Schließlich führten unterschiedliche Faktoren dazu, dass der Bergbau einge-

Blick auf Altenau

stellt wurde - der Eisenhüttenbetrieb endete 1871 und 1911 folgte die Stilllegung der Silberhütte. Als größere Arbeitgeber verblieben danach nur noch die staatliche Forstverwaltung und die Fuhrbetriebe, die mit ihren Pferden die Baumstämme aus den Wäldern zu den Sägewerken brachten.

1872 brach eine Pockenepidemie aus, die von außerhalb eingeschleppt worden war. Die Bergstadt wurde komplett unter Quarantäne gestellt und wegen Seuchengefahr von den umliegenden Orten abgeschnitten. Vier Menschen starben, als sich die zunächst relativ harmlose Krankheit in die "Schwarzen Pocken" verschlimmerte.

Um die Jahrhundertwende begann man, den Ort für den Tourismus zu erschließen, der heute mit 550.000 Übernachtungen pro Jahr die größte Erwerbsquelle ist.

1926 warb Altenau in einem Reiseführer mit einer blumigen Schilderung für sich, die ihresgleichen sucht: "Ragende märchenstille Forsten dehnen sich meilenweit ringsum und treten teils dicht an die Häuser heran. Lauschige Waldteiche, zahllose Quellen und lustig plaudernde forellenreiche Gebirgsbäche beleben ihren erhabenen Ernst ..." und weiter über die Bergwelt:

"... der unendlichen Einsamkeit und Stille dort oben und von eigentümlicher melancholischer Schönheit seiner Moore".

Ende der 50er bis in die 70er Jahre hinein boomte der Fremdenverkehr, es wurden sogar Kuhställe umgebaut und vermietet. Zum Höhepunkt des Fremdenverkehrs werden bis zu 80.000 Gäste pro Jahr mit 750.000 Übernachtungen gezählt. Günstige Pauschalreisen in südliche Länder ließen das Geschäft aber einbrechen - Harzurlaub war vor allem bei jüngeren Leuten nicht mehr attraktiv genug.

Ein Highlight für Gesundheitsbewusste ist die Kristalltherme **Heißer Brocken**, die neben dem Badevergnügen auch Sauna und Wellness bietet.

♦ Kristalltherme Heißer Brocken, Karl-Reinecke-Weg 35, ☎ 0 53 28/91 15 70, info@kristalltherme-altenau.de, www.kristalltherme-altenau.de

☺ In der sog. **Heimatstube** in der Hüttenstraße können Sie sich über die Geschichte der Stadt, den Bergbau, das örtliche Brauchtum und die Forstwirtschaft informieren.

✞ Die St.-Nikolai-Kirche wurde Mitte des 17. Jahrhunderts im harztypischen Fachwerkstil erbaut und hat eine barocke Glockenhaube.

Etappe 2: Altenau - Torfhaus

km 0   Der Hexenstieg führt weiter vom **Grabenhaus Rose** am Dammgraben entlang, und nach wenigen hundert Metern haben Sie von zwei ⚲ Bänken einen schönen ▣ Ausblick über das Tal und den oberhalb von Altenau gelegenen Ferienpark **Glockenberg** aus den 1972er Jahren.

Nach ca. 700 m fließt von rechts die **Große Oker** in den Dammgraben und weiter talwärts. Sie mündet später - nachdem sie etliche Stauseen passiert hat - zwischen Gifhorn und Celle in die Aller. Eine raffinierte Konstruktion von Wehren ermöglichte den Grabenwächtern die Entnahme oder die Abgabe von Okerwasser. Der Dammgraben mündet laut plätschernd von links oben und läuft am bereits gegangenen Weg weiter.

km 2,0   Eine kleine Wegbrücke mit einer Bank ⚹ ist erreicht. Ab hier führt der Dammgraben durch hohen, lichten Fichtenwald. Ein weiterer Forstweg kreuzt den Dammgraben mittels einer Brücke, ⚹.

km 3,1   Folgen Sie dem Dammgraben weiter. Der Zufluss der **Kleinen Oker** wird überquert.

Ein Rauschen kündigt ein Umlenkbecken an, in dem nach einer Gefällstrecke das Wasser des Dammgrabens im rechten Winkel abgebremst wird. So wird ermöglicht, mitgeführte Sedimente abzulagern, um sie dann entnehmen zu können.

Die ständige Verlandung durch Schwebstoffe und Sedimente nach heftigen Niederschlägen war ein Problem, an dessen Lösung man vielseitig heranging. Bei den Wasserfassungen brachte man Vorrichtungen an, die die unerwünschten Stoffe über den Grabenrand weg beförderten oder sie in sogenannten Drecksümpfen zum Absetzen brachten.

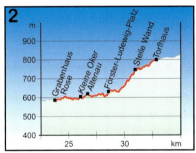

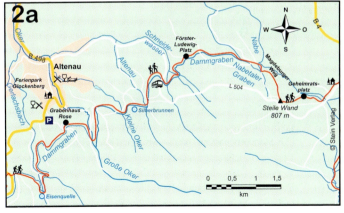

Nur wenig später wird eine kleine Lichtung mit zwei ⚘ Bänken erreicht. Rechts liegt der eingefasste **Silberbrunnen**, aus dem Trinkwasser tröpfelt.

km 3,6 An einer kleinen ⌂ Schutzhütte mit ⚘ Bank kreuzt der Bach **Altenau** den Dammgraben. Wieder ermöglicht eine gut durchdachte Anlage die Entnahme oder die Abgabe von Wasser.

km 4,4 Direkt an einer 🚌 Bushaltestelle überquert der Hexenstieg in genau 600 m Höhe ü. N.N. die Landstraße nach Torfhaus.
Nach 150 m kreuzt der Bach **Schneidewasser** den Hexenstieg und kann dem Dammgraben Wasser spenden oder durch einen Überlauf talwärts fließen.
Am **Wagners Winkel** fließen zwei kleine Bäche in den Dammgraben. Hier steht auch ein Ensemble von drei ⚘ Bänken und einem Tisch.

km 5,0 Wegen einer Gefällstrecke kündigt sich der **Förster-Ludewig-Platz** durch lautes Rauschen des Dammgrabens an. Er hat eine ⌂ Schutzhütte mit zwei ⚘ Bänken und einem Tisch sowie einer extra schattigen Bank.

Förster-Ludewig-Platz

Der Platz mit dem Gedenkstein für die im Ersten Weltkrieg gefallenen Forstleute und Waldarbeiter der Oberförsterei Altenau ist nach dem Förster Ludewig (1911-1934) von der Revierförsterei Bruchberg benannt. Die Schachtkopfhütte war bis 1972 eine Original Harzer Köte, die mit Rindenplatten abgedeckt war. Sie wurde 1974 ersetzt und 2002 renoviert.

Das Gefälle des Grabens ist hier mit Holz eingefasst und der Weg steigt links neben dem Graben an. Auf halbem Weg kreuzt in einer

breiten Schneise eine Überlandleitung. Dort, wo das Gefälle abnimmt, ist der Dammgraben wieder mit Steinen eingefasst.
Ein Forstweg wird überquert und der Hexenstieg führt weiter durch den Wald. Beidseitig sind der Weg und der Dammgraben eingezäunt, um Schösslinge vor Wildverbiss zu schützen.
Lautes Rauschen kündigt die sog. "Wiege des Dammgrabens" an, einen Zusammenfluss von zwei Strömen aus dem Brocken-, Sieber- und Odergebiet, ⌀.

Durch den breiteren Graben wird das Wasser des nur 460 m langen Nabetaler Grabens heruntergeführt, der aber auf den letzten 290 m ein Gefälle von fast 40 m hat. Um Erosion durch das schnell herunterschießende Wasser zu verhindern, sind der Boden und die Seitenwände mit Holz ausgekleidet worden.

Ranger mit Schulklasse am Nabetaler Wasserfall

Der einfach und leicht zu gehende Weg entlang des Dammgrabens endet hier und steigt sofort an, kreuzt einen Forstweg und nur 20 m weiter folgen Sie einem ausgefahrenen Weg in den Wald hinein. Ein Schild zeigt "3 km bis Torfhaus" an.

Nach ca. 300 m stoßen Sie auf den **Nabetaler Graben** und folgen ihm. Eine kleine Hütte ist über dem Graben gebaut, danach folgt ein Wehr mit dem **Nabetaler Wasserfall**.

Der Hexenstieg folgt nun dem **Magdeburger Weg** über Baumwurzeln steil bergan, bis er eben verläuft und an einem Hang entlangführt.

km 7,4 Riesige Felsbrocken an der **Steilen Wand** ragen aus dem Waldboden und der Weg ist steinig und steil. Unterhalb eines Felsüberhangs hat man eine roh gezimmerte Bank ⊼ aufgestellt, die dem Geheimrat Schneider gewidmet ist - eine Gedenktafel an der Bank erinnert an ihn.

km 8,1 Kurz vor der Bundesstraße biegt links der Hexenstieg in Richtung Torfhaus (in 800 m Entfernung) ab. Ein mit Balken ausgelegter Weg überquert eine Feuchtstelle und stößt auf einen Forstweg. Gehen Sie nun über den großen Parkplatz bergan.

Das große braune Gebäude auf der linken Seite vor dem Sendemast ist die 🏠 Jugendherberge Torfhaus.

km 9,0 **Torfhaus** ist das Sprungbrett zum Brocken mit der berühmten 📷 **Brockensicht**, gehört zur Gemeinde Altenau und bietet ein paar Übernachtungsmöglichkeiten sowie Restaurants.

✋ In der Vor- und Nachsaison kann es allerdings passieren, dass es ab 17:00 kein warmes Essen mehr gibt - netterweise wird vom Kellner vielleicht Currywurst mit Pommes zubereitet - aber selbst in der Hauptsaison ist die Küche ab 18:00 kalt.

A: Hauptroute - Etappe 2: Altenau - Torfhaus

Torfhaus 🚌 ⇡ 828 m, (zu Gemeinde Altenau) ✉ 38667 ☎ 0 53 20

- ℹ Nationalparkhaus, Torfhaus 21, ☎ 2 63, FAX 2 66,
  ✉ torfhaus@t-online.de, 🖥 www.nationalpark-harz.de, 🕐 April bis Oktober täglich 9:00 bis 17:00, November bis März täglich 10:00 bis 16:00
- 🏠 🛏 ✕ Hüttengasthof, Torfhaus 25, ☎ 33 18 88 + 📱 01 76/2 13 59 11, (ehem. DAV-Hütte)
- ♦ JH Torfhaus, Torfhaus 3, ☎ 2 42, FAX 2 54,
  ✉ jh-torfhaus@djh-hannover.de, 174 Betten, überwiegend 4 bis 6-Bett-zimmer m. Waschgelegenheit, Du/WC auf den Etagen, 20 familiengerechte Zimmer
- 🛏 Schullandheim des Landkreises Hannover, ☎ 2 16 (wenn Platz ist, können auch kurzfristig Einzelwanderer oder kleine Gruppen aufgenommen werden)
- ♦ Wanderheim Torfhaus, Goetheweg 18, ☎ 2 27,
  ✉ reservierung@harzclub-hannover.de, 12 Zimmer mit 1-4 Betten. Kein kurzfristiges Erscheinen möglich, auf jeden Fall vorher rechtzeitig telefonieren!

Die an der B 4 gelegene Siedlung Torfhaus ist mit 812 m die höchste des Harzes. Der Name stammt von den Torfstechern, die den Torf aus den nahen Hochmooren abbauten. Noch heute befinden sich in der Umgebung große Hochmoore mit bis zu 6 m mächtigen Torfschichten. Der Hexenstieg führt später an einem solchen Moor entlang.

Zwei riesige Antennenanlagen bestimmen das Ortsbild, von denen eine vom NDR (ein 243 m hoher abgespannter Stahlrohrmast) und die andere von der Deutschen Telekom betrieben wird (130 m hoch). Auf einem 57 m hohen Stahlfachwerkturm waren bis zu Beginn der 1990er Jahre Parabolantennen von 18 m Durchmesser installiert, mit denen eine Überhorizontrichtfunkverbindung nach West-Berlin ermöglicht wurde.

Am 🅿 Parkplatz mit ✕ 🍺 Imbiss und einer Andenkenbude steht ein Nationalparkdenkmal, das aus drei großen Felsbrocken und einer bronzenen Erdkugel in der Mitte besteht. Auf einem dieser Findlinge ist ein Leitsatz der Nationalparkbewegung "Global denken, lokal handeln" eingemeißelt.

Wenn es das Wetter erlaubt, haben Sie von hier einen sehr schönen 📷 Ausblick auf den Brocken, der gut 5 km Luftlinie entfernt liegt. Wegen der zahlreichen Restaurants sowie des großen 🅿 Parkplatzes, ist Torfhaus als Ausgangs- und Endpunkt einer Brockenwanderung sehr gut geeignet.

Etappe 3: Torfhaus - Schierke

km 0   Gehen Sie auf der linken Seite der B 4 in südlicher Richtung. An der nach links abzweigenden Asphaltstraße Goetheweg biegen Sie ab in Richtung Brocken und passieren mehrere Häuser, u.a. ein Schulland- und ein Wanderheim.

Hinweis: Wenn Sie den Brocken umgehen möchten, überqueren Sie hier an der Einmündung des Goethewegs die B 4 schräg und gehen in einen Forstweg hinein. Diese Brockenumgehung beschreibe ich im letzten Kapitel dieses Buches als Südumgehung des Brockens.

Am Ende der Häuser biegt rechts der Hexenstieg in den **Goetheweg** ab. Ein Schild **Radauer Born Moor** weist bei ...
km 1,0   auf einem Bohlenpfad auf einen Ausläufer des **Großen Torfhaus Moores** hin, das einst dem Ort seinen Namen verlieh.

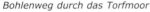

Bohlenweg durch das Torfmoor

Hier wurde 70 Jahre lang Torf gestochen, der als Brennstoff Verwendung fand und den zur Neige gehenden Holzbestand des Harzes ersetzen sollte. Der Abbau wurde aber 1767 wegen Unrentabilität wieder eingestellt.

Der nur ca. 300 m lange lohnende Umweg auf einem Bohlensteg durchs Randgebiet des ältesten Harzer Sattelmoores mit einer Fläche von ca. 30 ha und einer Mächtigkeit von bis zu 6 m mündet später wieder in den Hexenstieg.

> Kurz darauf ist der **Abbegraben** erreicht, an dem sich auch zwei Wehre befinden, mit denen der Wasserfluss reguliert werden kann. Im Gegensatz zu den bisherigen Gräben ist dieser mit Holzplanken eingefasst.

Goethe hielt sich insgesamt fünfmal im Harz auf. Während der Reisen zwischen 1777 und 1784, befasste er sich vornehmlich mit bergbaulichen und geologischen Fragen. Auf seiner ersten Reise im Dezember 1777 führten den 28-Jährigen berufliche Gründe in den Harz - als Weimarer Bergwerkskommissar war er mit der Wiederaufnahme des Bergbaus in Thüringen betraut. Im Dezember 1777 bestieg er, zusammen mit dem Torfhauser Förster Degen, den Brocken als erster im Winter. Der Weg, den die beiden nahmen, ist heute als Goetheweg bekannt, folgt aber nicht genau der Route, die Goethe genommen hat. Das damalige Forsthaus, in dem Goethe übernachtet hat gibts nicht mehr, es wurde durch Blitzschlag vernichtet.

> Der Hexenstieg verlässt den Graben und steigt leicht an, mündet dann in einen Forstweg ein, an dem ein Toilettenhäuschen mit Plumpsklos steht.

Hier mündet der Kaiserweg von links ein und verläuft auf 300 m gemeinsam mit dem Hexenstieg. Dieser Weg wird bereits 1258 urkundlich erwähnt, auf ihm soll Kaiser Heinrich IV. vor den Sachsen geflohen sein.

km 2,1   Halten Sie sich hier rechts und gehen auf dem Forstweg weiter. 300 m weiter biegen Sie nach links ab. Der Hexenstieg steigt nun steil bergan; vor allem auf der linken Seite beginnt ein Gebiet, in dem der Borkenkäfer gewütet hat - kahle Baumstämme zeugen davon.

km 3,4 ⌂ Schutzhütte und Schautafeln am 882 m hohen **Quitschenberg** informieren über den Borkenkäfer.

Der einstige Ebereschenbestand des Berges fiel dem Holzhunger der Bergwerke zum Opfer. Inzwischen sind die ersten selbst ausgesäten kleinen Ebereschen-Bäumchen (= Quitschen) und Fichten wieder zu sehen.

Der gut ausgebaute Weg verläuft jetzt eben und schlängelt sich in einen Wald hinein.

km 4,6 Auf einer großen Freifläche steht eine ⌂ Schutzhütte mit diversen Tischen und Bänken.

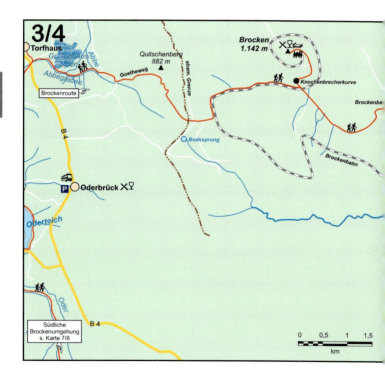

A: Hauptroute - Etappe 3: Torfhaus - Schierke

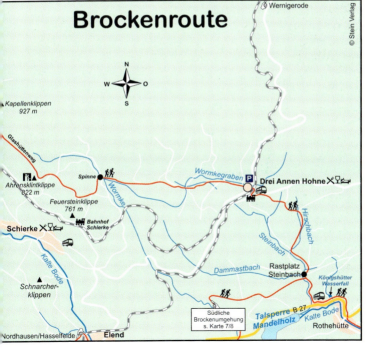

Nur 200 m weiter stößt der Hexenstieg auf einen doppelspurigen Plattenweg, der Teil der Grenzkontrollanlagen der DDR war.

Goetheweg

An dieser Stelle kreuzt ein mit einem Dreieck gekennzeichneter Weg. Wenn Sie rechts auf diesen Umweg von ca. 600 m abbiegen, kommen Sie nach 400 m zum Bodesprung, der Quelle der Bode (die im weiteren Verlauf des Hexenstiegs eine große Rolle spielt). In der Nähe steht der **Dreieckige Pfahl** (eine alte Grenzmarkierung), an dem die Gebiete der Welfen an die der Herren von Blankenburg und Wernigerode grenzten.

> Der 400 m lange Plattenweg steigt sehr steil bergan und oben ist der Bahndamm der 🚂 **Brockenbahn** zu erkennen.
> Am Bahndamm zweigt der Hexenstieg links ab, führt an ihm entlang und verläuft 200 m später als Holzbohlenweg - teilweise mit Stufen - weiter.

km 7,3 Die Brockenstraße, auf der Sie nach links weitergehen, kreuzt den Schienenstrang. Nach 200 m liegt rechts eine ⌂ Schutzhütte.

Gleich danach gelangen Sie zur sehr scharfen **Knochenbrecherkurve**, auf der die Brockenstraße nach rechts weitergeführt wird. Das Gipfelplateau des Brockens ist erreicht bei ...

km 8,4

Die Brockenbahn kurz vor dem Gipfel

Brocken   Brockenbahn ⇧ ca. 1.140 m, (gehört zu Schierke)
38879 ① 03 94 55

🛈   Nationalpark Harz, Lindenallee 35, 38855 Wernigerode, ☏ 0 39 43/5 50 20, Nationalpark-Infoservice: poststelle@nationalpark-harz.de

♦   Nationalpark Harz, Außenstelle, Oderhaus, 37444 Sankt Andreasberg, ☏ 0 55 82/9 18 90, poststelle@npharz.niedersachsen.de

🛏 ✕ ♀ Hotel und Brockenherberge auf dem Brockenplateau, ☏ 1 20, FAX 1 21 00, info@brockenhotel.de, 🖥 www.brockenhotel.de

Der Brocken ist mit 1.142 m Höhe der höchste Berg Norddeutschlands und mit etwa 2 Mio. Besuchern im Jahr das beliebteste Ausflugsziel im Harz. Das gesamte Gebiet um den Brocken herum ist inzwischen zum 247 km² großen Nationalpark Harz erklärt worden, der die bedrohte Natur schützen soll.

In den vergangenen Jahrhunderten entwickelte sich der Brockentourismus. Brockenwanderer waren u.a. *Johann Wolfgang von Goethe, Heinrich Heine* (1824 auf dem Weg zu Goethe in Weimar), der dänische Dichter *Hans Christian Andersen, Otto von Guericke* (u.a. der Erfinder der Luftpumpe),

Otto von Bismarck (der auf dem Brocken seine Frau Johanna von Puttkamer kennen lernte) und viele andere mehr.

Eine bescheidene touristische Infrastruktur entwickelte sich langsam: 1736 entstand das erste Haus auf dem Gipfel, genannt "Wolkenhäuschen". Es folgte ein einfaches Gasthaus, das im Wesentlichen als Unterkunft für die Torfstecher diente, die in den umliegenden Hochmooren arbeiteten, das aber auch Wanderer aufnahm. Um 1800 wurde der erste Aussichtsturm hinzugefügt. 1899 erreichte der erste Zug der Brockenbahn den Gipfel. 1936 wurde ein 52 m hoher Turm gebaut - der damit zum ersten Fernsehturm der Welt wurde.

Auf dem Brocken

Im Zweiten Weltkrieg wurden alle Gebäude mit Ausnahme des Turms zerstört. Zunächst besetzten die Amerikaner, die im April 1947 von den Russen abgelöst wurden, den Berg. Der Brocken wurde weiträumig militärisches Sperrgebiet, auf dem die Sowjetarmee und die Stasi eine riesige Spionageanlage errichteten, die weit in das bundesdeutsche Gebiet hineinhorchte.

Am 3. Dezember 1989 demonstrierten etwa zweitausend mutige Wanderer für die Öffnung des festungsartig ausgebauten Gipfelplateaus. Seitdem ist der Brocken wieder frei zugänglich, die militärischen Anlagen wurden inzwischen komplett abgerissen und kaum etwas erinnert an die Zeit des Kalten Krieges.

Ein 2,5 km langer **Rundwanderweg** um den Gipfel wurde an Stelle der ehemaligen Mauer eingerichtet und bietet bei klarer Sicht eindrucksvolle Ausblicke ins Umland. Eine Leserin empfiehlt auch eine Übernachtung im Brockenhotel, um den Sonnenunter- und -aufgang zu erleben. Außerdem sei die Stille nach dem Abreisen der Tagestouristen ein Erlebnis.

Das damalige Stasi-Gebäude, scherzhaft die "Moschee" genannt, wurde zum "Brockenhaus" mit Museum, Schau- und Vortragsräumen und der Fernsehturm zum Hotel mit Café und Aussichtsplattform umgebaut. Dort, wo einst die Kasernen der Sowjetarmee standen, befindet sich heute der mit Richtungstafeln beeindruckend angelegte höchste Punkt des Brockens.

Wenn Sie Zeit haben und das Wetter es zulässt, sollten Sie sich den Brockengarten im Rahmen einer Führung nicht entgehen lassen. Er wurde ursprünglich 1890 angelegt, verwahrloste aber während der militärischen Besatzungszeit ziemlich. Hier sind etwa 1.400 Pflanzenarten, darunter so seltene wie die Brockenanemone und das Brockenhabichtskraut, zu sehen.

Auf dem Gipfel des Brockens herrscht ein raues alpines Klima - vergleichbar etwa mit dem in Island. Oft weht ein kalter und nasser Wind mit Geschwindigkeiten über 200 km pro Stunde. Wenig verwunderlich ist es daher, dass sich die Baumgrenze unterhalb des Gipfels befindet.

Auch wenn es im Tal warm und sonnig ist, sollten Sie unbedingt mindestens eine Windjacke mitnehmen. Wind und Kälte sind auf dem Berg nicht zu unterschätzen!

Statistisch gibt es rund 300 Nebeltage im Jahr, aber auch 6 Tage mit sehr guter Fernsicht mit mehr als 100 km. Dann sehen Sie z.B. den Inselsberg im Thüringer Wald, die Wasserkuppe in der Rhön sowie Magdeburg, die Landeshauptstadt von Sachsen-Anhalt.

Eine Tafel weist auf die durchschnittlichen Werte (erhoben 1960-1990) im Jahr hin: danach betrug die Durchschnittstemperatur 2,9°C, der Gesamtniederschlag 1.814 l pro m^2, es gab 306 Nebeltage und an 176 Tagen lag eine geschlossene Schneedecke. Auch die Maximalwerte können sich sehen lassen: 3,8 m Schneehöhe, 230 km Weitsicht und eine Windgeschwindigkeit von 263 km/h!

Häufig wechselt das Wetter innerhalb kurzer Zeit, denn die meiste Zeit ist der Brockengipfel von Nebel- und Wolkenschichten umgeben. Wenn sich zur Zeit des Sonnenuntergangs eine dicke Nebelwand im Osten befindet, können Sie darin vielleicht das "Brockengespenst" sehen (d.h. Schatten von Häusern und Menschen in der untergehenden Sonne).

Falls Sie bei Ihrem Brockenbesuch schlechtes Wetter haben sollten, trösten Sie sich damit, dass es auch vielen berühmten Persönlichkeiten ähnlich ergangen ist. So ist z.B. von Heinrich Heine überliefert, dass er den Brocken nur in Nebel gehüllt erlebte und auch die Übernachtung in der Brockenherberge in schlechter Erinnerung gehabt haben muss, denn zur Abreise hat er diesen Spruch ins Gästebuch des Hauses geschrieben:

> "Große Steine,
> müde Beine,
> saure Weine,
> Aussicht keine.
> Heinrich Heine"

Ob sich die Eintragung von Goethe ins Brockenbuch auch auf Heine bezog, ist nicht bekannt. Jedenfalls äußerte er deutlich (wenn auch etwas holprig) sein Missfallen über die literarischen "Ergüsse" der anderen Brockenbesucher:

> "Was les' ich hier - Gott steh mir bei!
> Verfluchen möchte' ich alle Tinten,
> Empfind ich der Empfindung Finten
> In ekler Federklexerei.
> Harzriese! Lass dein Brockenbuch
> Dir nicht vom Stumpfsinn ganz verklexen!
> Und muss du dulden matten Lug
> Verhunzter Seelen, dann ihr Hexen,
> Nehmt zu Walpurgis eure Besen
> Und fegt, als wär es nie gewesen,
> Den Wischwasch aus dem Brockenbuch!"

In den Jahren der deutschen Teilung war das Brockengebiet für jeglichen Besucherverkehr gesperrt, da es nahe der innerdeutschen Grenze in der DDR lag. Nur der Brockengipfel selbst wurde genutzt, vorwiegend für militärische Zwecke (Abhörstation). Nach dem Fall der Mauer offenbarte sich den Besuchern eine einzigartige, ursprüngliche Naturlandschaft. Schon sehr bald entstand die Idee, diesen Naturraum unter speziellen Schutz zu stellen, und noch vor der deutschen Wiedervereinigung wurde mit der Vorbereitung zur Schaffung eines Nationalparks begonnen.

Anfang der Neunziger Jahre wurde diese Idee dann (trotz vieler Widerstände) in die Tat umgesetzt und seit 2006 der **Nationalpark Harz** geschaffen.

Der besondere Schutz ist auch notwendig, denn der Pflanzenwuchs ist durch das alpine Klima stark verlangsamt, auf dem Brockengipfel selbst gibt es durch das raue Klima bedingt überhaupt keine Bäume mehr. Dafür kann man im Brockengarten eine einzigartige Pflanzenwelt bewundern, welche es sonst nirgendwo zu sehen gibt.

Dass Sie als Besucher der Nationalparks die ausgeschilderten Wege nicht verlassen und keine Abfälle liegen lassen dürfen, sollte eigentlich selbstverständlich sein und ist hier auch nur der Vollständigkeit halber erwähnt.

	Der Hexenstieg führt vom Brocken wieder auf demselben Weg über die Brockenstraße hinab: Asphalttreten ist nun leider vorerst angesagt.
km 9,5	Die Brockenbahn wird wieder gekreuzt.
km 11,1	Infotafel, die über Borkenkäfer aufklärt. Daneben stehen zwei ⚟ Bänke und eine ⌂ Schutzhütte mit WC.
	Nach einer scharfen Rechtskurve der Straße bei ...
km 12,1	sind Sie an der Wegabzweigung **Brockenbett** angelangt. Hier befindet sich eine ⌂ Schutzhütte mit WC. Der Hexenstieg zweigt auf den unbefestigten **Glashüttenweg** links ab.
km 13,5	Bei den **Kapellenklippen** wird ein Gebiet durchquert, das mit Findlingen übersät ist.
km 14,5	Die **Ahrensklintklippe**, etwa 150 m rechts abseits des Hexenstiegs, ist ein einzelner Granitfelsen, der Verwitterung und Abtragung widerstanden hat. Am Felsen zweigt ein Weg zum 🚂 Bahnhof **Schierke** (lt. Schild in 2 km Entfernung) ab. Die Klippe kann mittels einer Eisenleiter erklommen werden, schöne 🏞 Aussicht von oben auf das Tal mit Schierke.
	100 m weiter steht eine ⚟ Bank mit Abfallkorb.
	An einer Wegekreuzung folgen Sie nicht dem nach links abschwenkenden Hauptweg, sondern gehen geradeaus in einen Waldweg hinein.
km 15,5	Der Hexenstieg erreicht eine ⌂ Schutzhütte mit ⚟ Tisch und zwei Bänken davor und kreuzt einen Forstweg. Hier biegt ein

weiterer Weg zum 🚂 Bahnhof Schierke (lt. Wegweiser 1 km entfernt) ab, der an den **Feuersteinklippen** (☞ Schierke) vorbeiführt.

Wenn Schierke in Ihrer Übernachtungsplanung nicht vorkommt, können Sie 3,5 km weiter in Richtung Bahnhof ☞ **Drei Annen Hohne** gehen. Hier befindet sich ein 🛏 ✕ 🍷 Hotel mit Restaurant. Alternativ können Sie mit einem Zug der HSB (Harzer Schmalspurbahnen) hinunter nach Wernigerode fahren und dort übernachten.

km 16,2   Der lang gestreckte Ort Schierke ist erreicht und damit das Ende der 3. Etappe.

Schierke

🚌 🚂 Brockenbahn ⇡ 580 - 680 m, 850 Ew.
🛏 1.000 ✉ 38879 ☏ 03 94 55

- ℹ️ Kurverwaltung Schierke, Brockenstraße 10, ☏ 86 80, FAX 4 03,
  ✉ info@schierke-am-brocken.de, 🖥 www.schierke-am-brocken.de
- 🚕 Taxi Schierke, 📱 01 70/9 00 09 37
- 🛏 ✕ 🍷 Hotel Bodeblick, Barenberg 1, ☏ 3 59, FAX 5 10 39,
  ✉ hotelbodeblickschierke@t-online.de, 🖥 www.hotel-bodeblick.de,
  EZ ab € 45, DZ ab € 70
- ♦ Pension Gaststätte Zum Brockenstübchen, Brockenstr. 39, ☏ 2 52,
  FAX 5 10 98, ✉ info@brockenstuebchen.de,
  🖥 www.brockenstuebchen.de, EZ ab € 48, DZ ab € 65
- ♦ Hotel Brockenscheideck, Brockenstraße 49, ☏ 2 68, FAX 5 10 36,
  ✉ info@hotel.brockenscheideck,
  🖥 www.harz-hotel-brockenscheideck.de, EZ ab € 50, DZ ab € 70
- ♦ Hotel König, Kirchberg 15, ☏ 5 10 56, FAX 5 10 57,
  ✉ info@harz-hotel-koenig.de, 🖥 www.harz-hotel-koenig.de, EZ ab € 50,
  DZ ab € 66
- ♦ Hotel Waldschlößchen, Herm.-Löns-Weg 1, ☏ 86 70, FAX 8 67 77,
  ✉ hotel@waldschloesschen-schierke.de,
  🖥 www.waldschloesschen-schierke.de, EZ ab € 60, DZ ab € 90
- ♦ Pension Zum Hexenstieg, Herm.-Löns-Weg 2, ☏ 5 89 53, FAX 5 89 56,
  ✉ info@pension-zum-hexenstieg.de,
  🖥 www.pension-zum-hexenstieg.de, EZ ab € 31, DZ ab € 44

	Pension Haus Barenberg, Barenberg 7, ☏ 217, FAX 5 88 90, ✉ haus-barenberg@t-online.de, 🖥 www.haus-barenberg-schierke.de, EZ ab € 40, DZ ab € 56
♦	Pension Schmidt, Brockenstraße 13, ☏ 3 33, FAX 8 10 28, ✉ info@pension-schmidt.de, 🖥 www.pension-schmidt.de, DZ ab € 67
⛺	Campingplatz Schierker Stern, Hagenstr., ☏ 5 88 17, 🖥 www.harz-camping.com (etwa 1 km unterhalb des Bahnhofs).
☺	Kleine Auswahl, die keinen Anspruch auf Vollständigkeit erhebt!

Der am Fuße des Brockens gelegene kleine Ort Schierke ist ein beliebter Erholungsort und eines der Zentren des Wintersports. Er liegt im engen Tal des Flüsschens **Kalte Bode** (☞ Etappe 4, km 10,4) und ist von dichten Wäldern umgeben. Die Brockenbahn hält hier zum letzten Mal vor dem Gipfelbahnhof. Seine Brockennähe macht Schierke zu einem wichtigen Ausgangspunkt für Brockentouristen, während Anreisende mit dem Auto ihre Fahrzeuge bereits auf dem großen 🅿 Parkplatz in Drei Annen Hohne abstellen müssen (🚉 Bahnhof und ℹ Nationalpark-Infozentrum).

In der Nacht zum 1. Mai kommen in Schierke alljährlich Tausende zur **Walpurgisnacht** zusammen, denn auf dem Brocken selbst dürfen aus Naturschutzgründen keine Großveranstaltungen stattfinden.

Die **Feuersteinklippen** sind auffällige Felsen im Wald 100 m nördlich des Schierker Bahnhofs - ein durchaus lohnender kleiner Umweg vom Hexenstieg aus. Die Klippen bestehen aus Granit und nicht, wie man annehmen könnte, aus Feuer- oder Flintstein. Der Name stammt von der sogenannten Feuersteinwiese, auf der zu germanischer Zeit Feuer für Kultfeiern abgebrannt wurden.

Die Felsformation in 760 m Höhe weist die für den Harzer Granit typische **Wollsackverwitterung** auf. Sogar Johann Wolfgang von Goethe kam 1784 vorbei, um das Phänomen zu bestaunen und geologische Forschungen zu betreiben.

Von der Oberfläche des Granits (seine körnige Struktur besteht aus Feldspat, Quarz und Glimmer) dringt die Verwitterung in feine Spalten ein und sprengt den Stein. Granittürme, Blockfelder oder pralle sackförmige Gebilde entstehen. Außerdem können sich beim schalenförmigen Abplatzen kugelförmige Granite bilden. Bei weiterer Verwitterung zerfällt das Material zu sandförmigen Granitgrus, der bis zu 9 % Wasser speichern kann.

Eine weit bekannte Spirituosenspezialität wurde in den 20er Jahren des 20. Jahrhunderts von dem Apotheker Willy Drube zum Patent angemeldet und nach einem Geheimrezept fabriziert. Der **Schierker Feuerstein** ist ein 35 %iger Magen-Halbbitter, benannt nach dem markanten Granitfelsen bei Schierke, und wird aus verschiedenen einheimischen und exotischen Kräutern hergestellt. Fünf Jahre nach Ende des Zweiten Weltkriegs siedelten die Patentinhaber nach Bad Lauterberg über, um einer Enteignung durch die Kommunisten zuvorzukommen - sodass sowohl in Ost als auch in West "Schierker Feuerstein" erhältlich war. Nach der Wiedervereinigung wurden beide Firmen unter einem Dach zusammengeführt. Die rotweißen Werbeschilder sind überall im Harz gegenwärtig.

Abstecher von Schierke

Die **Schnarcherklippen** sind ein bedeutendes Naturdenkmal südlich von Schierke in 670 m Höhe. Die beiden etwa 20 m voneinander entfernt stehenden und etwa 25 m hohen Felsentürme gehören zum Brockengranitstock. Der eine Felsen ist nur durch Bergsteiger zu bezwingen, auf den anderen führen steile Eisenleitern hinauf. Von oben haben Sie eine herrliche Aussicht auf die Umgebung von Schierke und weiter entfernt auf den Brocken. An diesen Klippen ist auch sehr deutlich die für die Feuersteinklippen typische Granitverwitterung, die **Wollsackverwitterung**, zu erkennen. Diese Art der Verwitterung machte aus den einst scharfkantigen und quaderförmigen Granitbrocken eine abgerundete Form ähnlich eines Ellipsoids.

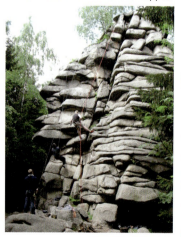

Kletterer an den Schnarcherklippen

Bei Wind aus Südosten lösen die Klippen eigenartige Laute aus, die den Namen erklären. Durch eine Anreicherung der Felsen mit Magnetit, einem Erz mit über 70 % Eisenanteil, wird als Besonderheit ein großer Magnetismus ausgeübt und so die Ablenkung der Kompassnadel bewirkt.

Auch Goethe (wo war er eigentlich nicht?) besuchte auf seiner dritten Harzreise im September 1784 die Schnarcherklippen, die durch ihn im "Faust" Einzug in die Weltliteratur fanden:

> "Seh' die Bäume hinter Bäumen,
> wie sie schnell vorüberrücken,
> und die Klippen, die sich bücken,
> und die langen Felsennasen,
> wie sie schnarchen, wie sie blasen!"

Hinweis: Der Besuch dieser Felsen ist ein etwas größerer Umweg von etwa 2,5 km (vom Bahnhof Schierke aus), bietet aber die Möglichkeit, weiter nach Elend hinunterzuwandern und von dort auf der weiter hinten im Buch beschriebenen Brockenumgehung weiterzulaufen.

Etappe 4: Schierke - Rübeland

km 0 Ab dem Schierker Bahnhof vorbei stoßen Sie bei ...

km 0,6 wieder auf den Hexenstieg und passieren die Wegekreuzung Spinne. Kurz darauf kreuzt die muntere **Wormke** den Weg - ideal zum Füße kühlen. Hier zweigt auch der **Wormkegraben** (auch als Wormsgraben bezeichnet) ab ⌁, der den Hexenstieg ein Stück begleitet. Bei ...

km 2,3 beschreibt der Forstweg eine leichte Linkskurve. Folgen Sie dem Hauptweg und biegen an der nächsten Kreuzung rechts in den abwärts führenden Forstweg ein.

An der leichten Linkskurve führt ein von Baumwurzeln durchzogener Pfad (markiert mit einem roten Strich auf weißem Grund) in den Wald hinein und trifft nach 400 m auf denselben abwärts führenden Forstweg - eine klare Abkürzung zum vorher beschriebenen Forstweg.

Im weiteren Verlauf mündet der Forstweg in eine unbefestigte Straße ein, die 500 m bergab nach Drei Annen Hohne führt.

Drei Annen Hohne 🚌 🚂 Brockenbahn 🚂 Harzquerbahn

⇧ 540 m, ⇆ 207 ▭ 38875 ☏ 03 94 55

- ℹ️ Nationalparkbüro Hohnehaus, ☎ 68 40, 🕗 täglich 8:30 bis 16:30
- ⇆ ✕ ♀ Waldgasthaus & Hotel Drei Annen, ☎ 57 00, FAX 5 70 99,
  ✉ hotel@drei-annen.de, 💻 www.drei-annen.de (1,5 km vom Bahnhof Richtung Wernigerode), EZ ab € 55, DZ ab € 88
- ♦ Hotel Der Kräuterhof, ☎ 8 40, FAX 8 41 99,
  ✉ rezeption@hotel-kraeuterhof.de, 💻 www.hotel-kraeuterhof.de,
  EZ ab € 59, DZ ab € 88, (direkt am Bahnhof)

1770 wurde an der Stelle des heutigen Hotels Drei Annen ein Kupfer- und Silberbergwerk betrieben. Der damals regierende Graf Christian Friedrich zu Stolberg-Wernigerode gab seine Genehmigung zum Abbau allerdings nur unter der Bedingung, dass ein ihm genehmer Name für die Grube gefunden wurde. Gerade war dem Grafen eine Tochter geboren worden, und auch seine einzige Schwester erfreute sich weiblichen Nachwuchses. Beide Kinder wurden nach der gemeinsamen Großmutter "Anna" genannt, sodass die "Drei Annen" jetzt komplett waren. Der Zusatz "Hohne" stammt vom nahe gelegenen Forsthaus gleichen Namens.

km 4,8 Am 🚂 Bahnhof von Drei Annen Hohne teilen sich die Schmalspurbahnen von Wernigerode kommend in die Brockenbahn und in die Harzquerbahn über Elend nach Nordhausen bzw. nach Quedlinburg und Hasselfelde.

Hier gibt's Kukkis Erbsensuppe aus der ✕ ♀ Gulaschkanone und die ✕ ♀ Bahnhofsgaststätte bietet auch Mahlzeiten und Getränke an.

Das ℹ️ **Nationalparkbüro Hohnehaus** auf dem großen 🅿 Parkplatz bietet eine kleine Ausstellung zu Flora und Fauna sowie weitere Informationen.

Von hier aus gehen Sie auf den rechten Rand des 🅿 Parkplatzes zu und folgen ihm, bis Sie auf einen Forstweg stoßen, der im Bogen in das **Hirschbachtal** führt. Überqueren Sie den Hirschbach ungefähr an der Stelle, an der er in den Steinbach mündet.

km 7,7 Am Rastplatz **Steinbachtal** vereinigt sich der Dammastbach mit dem Steinbach und seichte Furten führen hinüber. Eine ⛺ Schutzhütte und ⚲ Bänke und Tische laden zum Verweilen ein.

Hinweis: Hier stößt die Südumgehung des Brockens wieder auf den Hauptweg. Diesen Weg beschreibe ich im Kapitel B. Südumgehung des Brockens als Etappen 7 und 8.

Der Weg führt nach rechts weiter in Richtung Königshütte in den Ortsteil **Rothehütte**.

km 8,3 Sie stoßen nun auf die B 27, der Sie nach links folgen.

km 8,7 Am **Königshütter Wasserfall** befinden sich zwei ⛺ Schutzhüttchen und mehrere Tische und Bänke.

Königshütter Wasserfall

Folgen Sie nun der Kalten Bode linksseitig durch Rothehütte, überqueren die B 27 nach Elbingerode und gehen weiter am Fluss Bode entlang durch **Königshütte**, bis Sie die ✗ ♀ Gaststätte "Unter dem Felsen" unterhalb des Klingenbergs passieren. Auf der anderen Fluss-/Straßenseite sind gusseiserne Säulen der ehemaligen Eisenhütte, die längst abgewickelt wurde, zu sehen. Im Ortsteil **Königshof** wechseln Sie auf die andere Flussseite und gehen an der Landstraße 300 m nach links weiter. Nur wenig weiter östlich vereinigen sich die Kalte und die Warme Bode, bevor sie als **Bode** von der Überleitungssperre Königshütte aufgestaut werden.

km 10,4   An einem 🅿 Parkplatz befinden sich zwei ⊤ Tisch-/Bankkombinationen und auf einer Brücke über die **Warme Bode** führt der Hexenstieg wieder an das andere Ufer. Im Sommer 2010 war die Brücke wegen Einsturzgefahr gesperrt und Wanderer mussten eine neue schmale Fußgängerbrücke etwas stromauf an einem Wehr benutzen.

Direkt hinter der Brücke teilt sich der Hexenstieg nach links in die schöne Nordroute (die ich im folgenden beschreibe) und nach rechts in die Südroute über Hasselfelde (die ich im Kapitel C als Südroute über Hasselfelde als Etappe 9 beschreibe).

Nach 300 m weist ein Schild auf den Zusammenfluss der von Süden kommenden **Warmen Bode** (die oberhalb Braunlages im Roten Bruch entspringt und 23 km durch die Orte Sorge und Tanne fließt) mit der nördlichen **Kalten Bode** hin (diese entspringt im Brockengebiet, durchfließt Schierke sowie das Elendstal und

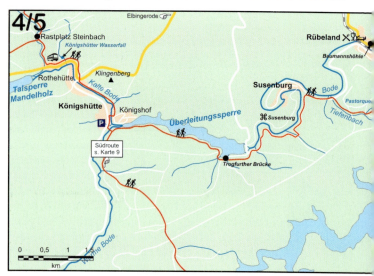

durchquert die Talsperre Mandelholz auf 17 km Länge). Tatsächlich besteht ein Unterschied von etwa 2 Grad in der Wassertemperatur. Der Flussname leitet sich von "Bodo" ab, der an der Rosstrappe (☞ Etappe 6, Thale) bei der Verfolgung von Brunhilde ein unrühmliches Ende fand.

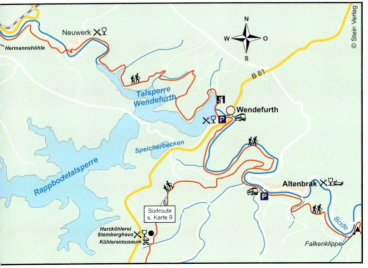

Etwas oberhalb befinden sich die kärglichen Überreste - Bergfried sowie Gräben und Wälle - der ehemaligen Adelsburg aus dem 14. Jahrhundert, die über einen steilen Weg erreicht werden kann. 🔭 Aussicht von oben über den Ort bis hin zum Brocken. Diese kleine Burg diente wohl als Grenzsicherung von Halberstädter zu Wernigeröder Gebiet. Nicht weit von hier zog Heinrich der Löwe im Jahr 1194 auf dem bekannten Handelsweg von Wernigerode in Richtung Kloster Walkenried vorbei. Beim Queren der Bode an der Trogfurt (☞ km 12,7) stürzte er unglücklich und brach sich ein Bein.

> Der Hexenstieg verlässt den Wald und führt in ein offenes Gelände. Links fließt die Bode weiter und bald ist der Stausee namens **Überleitungssperre** erreicht. Der Weg führt wieder in einen Wald hinein und verläuft oberhalb des Seeufers.

km 12,7 An einem kleinen 🅿 Parkplatz für Angler befindet sich eine ⌂ Schutzhütte. Direkt unterhalb weist ein Schild auf die einstige Bedeutung der inzwischen überfluteten **Trogfurter Brücke** hin.

km 13,1 Die Talsperre ist erreicht und Sie gehen weiter geradeaus.
km 13,8 Ein Schild weist auf die Burgruine **Susenburg** hin, die bereits 1265 erwähnt wird und dem Schutz einer seit 913 stark frequentierten Handelsstraße diente. Leider ist heute kaum noch etwas davon zu

Kirche mit Friedhof (km 19)

sehen. Man vermutet, dass Teile des Bergfrieds 1740 zum Bau der steinernen Brücke an der Trogfurt verwendet wurden.

km 14,7 Der Hexenstieg biegt an einer Felswand vorbei in den Wald ab. Kurz darauf tritt er wieder aus dem Wald heraus. Unten hört man die Bode rauschen und gegenüber sieht man den Hang einer riesigen Bergwerksabraumhalde emporragen. Von einer freien Stelle aus sind die roten Dächer der Ortschaft **Susenburg** zu sehen.

km 15,2 ⟙ Bank mit Tisch und Ausblick über die Bode ins Tal.

km 15,7 Der Hohlweg führt durch Schieferfelsen. Es folgt ein weiterer Felsen, und von unten nähert sich die Straße von Susenburg an den Hexenstieg an. Nach 400 m mündet der Weg in die Straße. Eine Ampel regelt hier wegen eines Erdrutsches den Verkehr. Nach 100 m wird der Tiefenbach überquert und der Hexenstieg folgt ihm bergauf in den Taleinschnitt.

km 17,2 Ein Bach kreuzt den Weg. Biegen Sie links ab und gehen Sie in den Wald hinein. Bei ...

km 17,7 kreuzt ein Forstweg und links ist 20 m entfernt die **Pastorquelle** zu sehen. Sie gehen geradeaus bergan und passieren eine weitere Abraumhalde.

km 18,4 Grandioser ⛰ Blick ⌂ ⟙ über die vom Bergbau zerklüftete und verunstaltete Landschaft bis hin zum Brocken. Schwenken Sie bei ...

km 18,6 auf einen Forstweg nach links.

km 19,0 Kirche mit Friedhof. Der Hexenstieg kreuzt einen Forstweg, führt weiter bergab am Friedhofszaun entlang und biegt an einer Datsche rechts ab.

An einer Dreieckskreuzung ist 🛈 "Brockenblick 100 m" ausgeschildert, hier gehen Sie rechts weiter. An einem Zaun entlang geht es talwärts nach Rübeland mit seinen beiden bekannten Tropfsteinhöhlen. Die 4. Etappe ist beendet.

Rübeland

🚌 🚏 DB ⇧ ca. 450 m, ca. 2.000 Ew.
✉ 720 📠 38889 ☎ 03 94 54

🛈	Touristinformation, ☎ 4 91 32, FAX 5 34 75, 🖥 www.ruebeland.com
🛏✕♟	Restaurant und Pension Bodetal, Blankenburger Str. 39, ☎ 4 01 70, FAX 4 01 73, ✉ info@ruebeland.com, EZ ab € 25, DZ € 50
♦	Pension Harzbaude Susanne, Hasselfelder Str. 5, ☎ 4 35 05, 📱 01 75/5 48 71 55, ✉ Harzbaude@aol.com, EZ ab € 20, DZ ab € 40
♦	Eis-Café Nr. 1 & Pension, Blankenburger Str. 27, ☎ 4 92 52, FAX 48 90 20, ✉ info@numero-1.de, 🖥 www.numero-1.de, EZ ab € 30, DZ ab € 55
☺	Kleine Auswahl, die keinen Anspruch auf Vollständigkeit erhebt!

Der ehemalige Bergbauort Rübeland wird erstmalig 1320 erwähnt und liegt im Tal der Bode. Die Bezeichnung hat nichts mit der Rübenfrucht zu tun, sie leitet sich vielmehr von dem früheren Namen Roveland (= raues Land) ab. Seit dem späten Mittelalter wurde im Gebiet um Rübeland Eisenerz abgebaut. Verwaltungstechnisch gehört Rübeland heute zur Stadt Wernigerode. Die karstige Landschaft aus dem Kalk des Mittel- und Oberdevon (vor etwa 400 Mio. Jahren) wurde Ende des 19. Jahrhunderts interessant und der Abbau konnte lohnend erst nach dem Bau der **Rübelandbahn** (Blankenburg - Rübeland - Elbingerode - Königshütte; 1998 im Wesentlichen stillgelegt, heute nur noch zwei Zugpaare täglich) betrieben werden.

Unterirdisch sind zwei große Sehenswürdigkeiten des Harzes zu besichtigen - die beiden **Tropfsteinhöhlen** Hermannshöhle und Baumannshöhle. Über Hunderttausende von Jahren haben sich in diesen Höhlen durch ständig tropfendes kalkhaltiges Wasser zahlreiche und sehr große Tropfsteine gebildet. Die Höhlen sind auch Heimat für interessante und seltene Tiere wie Grottenolme (*Proteus anginus*, ein 20 bis 30 cm großer im Wasser lebender Salamander mit rückgebildeten Augen und ohne Hautpigmentierung) und Fledermäuse. In der Baumannshöhle fand man sogar Knochen des Höhlenbärs sowie einige Werkzeuge von Steinzeitmenschen.

▷ Stalaktit: von der Decke nach unten wachsender Tropfstein.
▷ Stalagmit: vom Boden nach oben wachsender Tropfstein
▷ Stalagnat: vom Boden bis zur Decke gewachsene Säule, also ein zusammengewachsener Stalaktit und Stalagmit.

⌘ Die später nach ihm benannte **Baumannshöhle** wurde auf der Suche nach Erz durch den Bergmann Friedrich Baumann 1536 entdeckt und lockt seitdem viele Besucher an - Goethe war sogar dreimal hier! Der größte Raum ist etwa 60 m mal 40 m groß und heißt Goethesaal. Hier gibt es auch einen kleinen Höhlensee und eine Naturbühne, die regelmäßig genutzt wird. In späteren Jahren wurden noch andere Tropfsteinhöhlen gefunden, die noch mehr Touristen neugierig machten.

⌘ Die **Hermannshöhle** wurde erst 1866 entdeckt und ist auch zu besichtigen. Sie ist wesentlich größer als die Baumannshöhle und wird sogar von einem Höhlenbach durchquert, der stromabwärts in die Bode fließt und so einen Seitenarm bildet. Der Bach arbeitet weiter an der Bildung neuer Hohlräume. Früher lag das Flussbett etwa 40 m höher, deshalb sind die obersten Kavernen auch älteren Datums. In einem künstlich angelegten See leben Grottenolme die Kristallkammer sowie die "Achttausendjährige Säule" sind die Besonderheiten dieser Höhle.

♦ Hermannshöhle, Hasselfelder Str., ☎ 03 94 54/4 91 32,
  💻 www.harzer-hoehlen.de, Einlass zur letzten Führung im Juni, September, Oktober 16:30, im Juli, August 17:30, Eintritt je Höhle € 7

Einige andere Höhlen wie die Bielshöhle und die Schmiedeknechthöhle sind nicht für die Öffentlichkeit freigegeben.

⌘ In der **Bielshöhle** haben die damaligen Besitzer die vorhandenen Tropfsteine in den Jahren um 1800 (zusätzlich zum Eintrittsgeld) nach und nach abgesägt, um sie als Souvenir zu verkaufen. Nur wegen des Profits zerstörten sie unersetzliche Naturschätze, die in Jahrtausenden entstanden waren, ohne dass die Behörden eingriffen. Als es nichts mehr zu besichtigen gab, wurde der Höhleneingang zugemauert.

✠ Die **Schmiedeknechthöhle** wurde erst um 1950 durch Zufall entdeckt. Die Besonderheit hier ist der größte bekannte Stalagmit des Harzes mit einem Umfang von etwa 3 m und einer Höhe von 3,25 m.

Etappe 5: Rübeland - Treseburg

km 0 Folgen Sie der Bode auf der rechten Seite, bis Sie bei ...
km 1,5 an einem großen 🅿 Parkplatz der Straße nach Neuwerk folgen. Nach 200 m auf dieser Straße biegen Sie rechts auf einen Weg ein, der oberhalb und parallel zur Straße durch Mischwald verläuft.

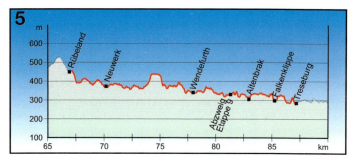

Am Ortsschild **Neuwerk** führt der Waldweg wieder auf die Straße zurück. Neuwerk findet erstmals im 15. Jahrhundert wegen seiner von Mönchen betriebenen Marmormühle Erwähnung. Die gute Qualität des Marmors führte zu dessen Verwendung in vielen Prunkbauten der preußischen Könige. Heute ist Neuwerk ein Ortsteil von Rübeland und ein im ursprünglichen Charakter erhaltener Bergarbeiter- und Hüttenort, der seinesgleichen im Harz sucht.

km 2,4 Auf der linken Seite taucht eine Straßenbrücke über die Bode auf, die Sie überqueren. Von der Brücke haben Sie einen schönen Blick auf die alte aus Holz erbaute Schule von **Neuwerk**.

⇌ ✕ ℧ Haus Bodeblick, direkt am Hexenstieg und an der Bode,
☏ 03 94 54/4 86 86, 🖳 www.haus-bodeblick.de

A: Hauptroute - Etappe 5: Rübeland - Treseburg

Folgen Sie dem Straßenbogen und biegen dann an einem Fachwerkwohnhaus rechts ab. Die nun folgende Gasse mit überwiegend hübschen Fachwerkhäusern fällt besonders durch ihren Blumenschmuck auf. Gehen Sie immer weiter geradeaus und dann an dem Haus mit der Nummer 14a an der Mauer aus Naturstein vorbei.

Der Hexenstieg verkommt hier zu einem Trampelpfad und führt über Wiesenhänge oberhalb der Bode entlang. Vorsicht - nach Regen kann der Weg auf diesem Teilstück extrem rutschig sein. Jetzt führt der Hexenstieg in einen Wald und verläuft direkt neben der Bode.

km 2,8 Ein Schild weist auf einen Abbau von Diabas (einem grobkörnigen basaltischen Gestein, auch Dolerit genannt) hin, das im Straßenbau Verwendung fand.

km 3,3 Ein Schild deutet auf die Schiefertaler Sägemühle hin, die aber bereits 1818 abgerissen wurde. Leider ist bei dem heftigen Unkrautbewuchs kaum noch etwas zu erkennen.

An der Furt eines Zuflussbaches weist bei ...

km 3,7 ein Schild auf Schieferabbau hin. Die nächsten 400 m steigt der Hexenstieg ständig an und rechts unten ist die Wasserfläche der **Talsperre Wendefurth** mit einem Fassungsvermögen von über 8 Mio. Kubikmetern zu sehen.

1968 wurde an der Bode das **Pumpspeicher-Kraftwerk Wendefurth** errichtet. Ein künstliches Oberbecken (mit fast 2 Mio Kubikmeter Fassungsvermögen, ohne natürlichen Zufluss) wird als Speicherbecken benutzt, während die Talsperre Wendefurth als Unterbecken dient. In Schwachlastzeiten wird Elektrizität aus dem Netz gezogen und Wasser aus dem unteren Speicherbecken in das obere gepumpt. Wenn kurzfristig Energie benötigt wird, wird Wasser von oben auf die Turbinen abgelassen, die Strom erzeugen. Die Talsperre mit einer 230 m langen und 43 m hohen Staumauer schließt sich an die höher gelegene Rappbodetalsperre an.

♦ Führungen durch das Innere der Staumauer Wendefurth sind mittwochs 14:00 und samstags 11:00 möglich. Gruppenführungen sind ganzjährig nach Anmeldung möglich.

Die **Rappbodetalsperre** ist das Kernstück des Talsperrensystems Bodewerk. Der weitverzweigte gut 8 km lange Stausee kann über 100 Mio. m³ Wasser aufnehmen und dient der Rohwasserbereitstellung zur Trinkwasseraufbereitung. Die 106 m hohe Staumauer ist an der Sohle 80 m breit, hat eine Kronenlänge von 415 m und dient gleichzeitig als Straßenbrücke.

♦ Talsperrenbetrieb des Landes Sachsen-Anhalt, Timmenröder Straße 1a, 38889 Blankenburg, ☎ 0 39 44/94 20, FAX 0 39 44/94 22 00, ✉ info@talsperren-lsa.de, 🖥 www.talsperren-lsa.de

Talsperrensystem Bodewerk (Foto Udo Stieglitz)

km 5,1   Der Hexenstieg führt in spitzem Winkel rechts bergab, bis ein Bach überquert wird und es links wieder bergauf geht. Die nun folgenden ansteigenden 500 m erweisen sich nach Regenfällen als sehr matschig und von schweren Forstfahrzeugen extrem ausgefahren. Oben angekommen knickt der Weg hier nach rechts ab und folgt zunächst den Strommasten, um dann etwas nach rechts abzubiegen und in den Wald zu führen.

Leicht geschwungen führt der Weg nun oberhalb des Stausees entlang und von hier haben Sie bei ...

km 7,5	auch einen interessanten 🏁 Blick auf die gegenüberliegende Pumpstation der Talsperre, die Wasser in ein Speicherbecken oberhalb pumpt. Bevor Sie in den Wald hineingehen, haben Sie einen weite 🏁 Aussicht auf die Staumauer der Talsperre.
km 8,5	Eine Lichtung mit einem Hochsitz wird überquert. 400 m weiter biegt der Hexenstieg nach rechts ab. (Schild "Wendefurth 4 km"). Ein Bach wird bei ...
km 9,2	überquert und der Hexenstieg wendet sich nach rechts. Mehrere Trockenlegungsversuche in den vergangenen Jahren sind offensichtlich gescheitert und Sie müssen versuchen, trockenen Fußes hinüberzugelangen. Gleich danach biegt ein Trampelpfad nach rechts ab, der entlang des Baches steil bergab führt.
km 9,6	Ein breiter Forstweg mit einer ⛺ Schutzhütte und drei Turnrecks ist erreicht. Der Wald lichtet sich und Sie können von unten den Stausee durch die Bäume schimmern sehen.
km 10,0	🏁 Ausblick auf die Staumauer. Nur 100 m weiter führt in spitzem Winkel ein Weg hinunter zur Staumauer, auf deren anderer Seite eine Fischgaststätte sowie das Hotel/Restaurant "Zum Stausee" liegen.

Wendefurth

🚌 ⇧ ca. 340 m, ca. 50 Ew. OT von Altenbrak
✉ 38889 ☎ 03 94 56

🛏 ✕ ♀	Hotel/Restaurant Zum Stausee, ☎ 03 94 56/4 10 14-15
♦	Fischgaststätte Zum Fischer, ☎ 03 94 56/9 06, FAX 03 94 56/9 45, ✉ harzer.fischzucht@t-online.de (auch Ferienzimmer)
♦	Pension Waldfrieden, Bodeweg 3, ☎ 9 62
⛺	Campingplatz Reiterhof

Vor dem Bau der Talsperre machte die Bode an dieser Stelle eine deutliche Schleife mit einer Furt, daher der Name Wendefurth. Die Talsperre wurde erst nach Errichtung der Rappbodetalsperre 1960-1967 gebaut und dient im Gegensatz zu ihr nicht der Trinkwassergewinnung, sondern als Ausgleichssperre bei Hochwasser und zur Elektrizitätserzeugung.

Gehen Sie hier die gepflasterte Straße bergab. Unten treffen Sie bei ...

km 10,9 auf die B 81 mit der Straßenbrücke über die Bode, an deren Ende die ✗ ♉ Gaststätte "Zur Bode" liegt.

✗ ♉ Gaststätte Zur Bode, Blankenburger Str. 1 (an der B 81), ☎ 03 94 56/9 15

Kreuzen Sie die Straße und gehen auf dem befestigten Weg, der später asphaltiert ist, oberhalb der Bode weiter.

km 13,4 ⌂ Schutzhütte

km 15,1 Fischzuchtteiche, bei denen ein Schild auf "Forelle vom Grill" hinweist. Eine Asphaltstraße beginnt; hier stößt auch die Südroute (Etappe 9) des Hexenstiegs von Hasselfelde kommend wieder auf den Hauptweg.

km 15,8 🅿 Parkplatz an der Straßenbrücke über die Bode in ...

Altenbrak 🚆 ⇡ 340 m, ca. 400 Ew. 🛏 400 ① 03 94 56 ✉ 38889

🛈 Touristinformation, Unterdorf 5, 38889 Altenbrak, ☎ 2 05, FAX 5 05 50,
✉ altenbrak@bodetal.de, 🖥 www.altenbrak.de, Zimmervermittlung in div. Pensionen oder Privat

🛏 ✗ ♉ Hotel Weißes Ross, Sankt Ritter 19, ☎ und FAX 3 30,
✉ weissesross.altenbrak@t-online.de, 🖥 harz-hotel-weisses-ross.de/,
EZ ab € 36, DZ ab € 64

♦ Pension Zum Harzer Jodlermeister, Sankt Ritter 26a, ☎ 56 80, FAX 5 68 50,
✉ zumharzerjodlermeister@t-online.de,
🖥 www.zum-harzer-jodlermeister.de, EZ ab € 45, DZ ab € 65

🛏 Pension Harz Residenz, Rolandseck 66, ☎ 2 64, FAX 4 10 08,
✉ info@harzresidenz.de, 🖥 www.harzresidenz.de, EZ ab € 26,
DZ ab € 34

♦ Pension Wilde, Rolandseck 3, ☎ 3 69, FAX 5 67 10,
✉ wilde-altenbrak@t-online.de, 🖥 www.harzurlaub-bodetal.de,
EZ ab € 30, DZ ab € 50

♦ Pension Haus Rodenstein, Unterdorf 6, ☎ 2 95, FAX 2 95,
🖥 www.harz-wanderfreunde.de/rodenstein.htm, EZ ab € 27, DZ ab € 54

♦ Haus Bergeshöh, Hohlweg 3, ☎ 5 66 90, FAX 56 69 50, EZ ab € 45,
DZ ab € 69

Café Pension Theodor Fontane, Forstweg 3, ☏ 3 36. FAX 5 67 02, EZ ab € 36, DZ ab € 54

☺ Kleine Auswahl, die keinen Anspruch auf Vollständigkeit erhebt!

Der Ort entstand vermutlich während der Blütezeit des Bergbaus vom 12. bis ins 15. Jahrhundert. Der Name nimmt wahrscheinlich Bezug auf Olde Brak (= Alte Brache, unbebaute Fläche), denn die Hütte brannte ab und hinterließ eine Kahlfläche.

Die historische Heilquelle diente der Herzogin Christina Luise, Großmutter der Kaiserin Maria Theresia und des Zaren Peter II., um 1700 schon als Gesundbrunnen. Sogar der Dichter Theodor Fontane besuchte 1884 Altenbrak und verarbeitete seine Eindrücke in seinem Roman "Cecilie", dessen Hauptakteure am Anfang des Buches in Thale Urlaub machen.

km 16,3 Hier sind Reste der Kupfergrube Karl Kaiser zu sehen, die schon im Dreißigjährigen Krieg zum Erliegen kam. Wenn Sie zurückblicken, können Sie die Holzkirche von Altenbrak über dem Ort thronen sehen.

Holzkirche von Altenbrak

km 16,6 Am Ende eines kleinen Freizeitparks biegt eine Asphaltstraße nach rechts ab und nach 300 m zweigt der Hexenstieg nach links durch zwei "Durchfahrt verboten"-Schilder hindurch ab. Er durchquert dann eine kleine Feriensiedlung mit der ✕ 🍴 Gaststätte "Jägerbaude" und kreuzt bei ...

km 17,6 eine Asphaltstraße. Nach 30 m schwenkt der Weg an einem Holzlagerplatz nach links ab auf einen Zaun zu, der einen Lagerplatz umgibt. Der Hexenstieg fällt jetzt langsam, aber stetig ab, bis bei ...

km 18,4 eine ⌂ Schutzhütte mit mehreren Bänken und Tischen erreicht wird. Der befestigte Weg führt weiter oberhalb der Bode entlang.

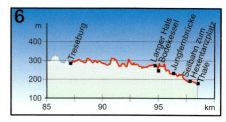

km 18,6 In einer gusseisernen Platte im Fels ist die Jahreszahl 1878 eingelassen.

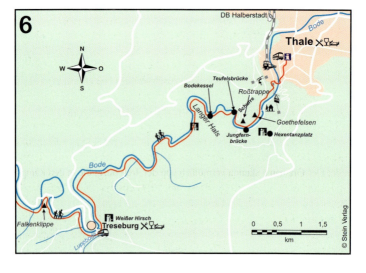

Nur 200 m weiter ist die Straße erreicht. Halten Sie sich hier rechts und gehen an einem Strommast vorbei in den Wald hinein. Die Bode macht hier eine große Schleife an der **Falkenklippe**. Nach kurzer Zeit kreuzt die Straße die Bode erneut und Sie haben die Bode wieder auf der linken Seite.

km 19,2 ⛱ Sitzbank oberhalb der Bode.

km 20,0 An einem Wendeplatz mit Trafohäuschen passieren Sie das Grundstück der 🛏 ✕ ♀ Gaststätte/Hotel "Bodeblick".

Wandern Sie nun weiter durch **Treseburg** an mehreren Häusern mit 🛏 Hotels, Pensionen und ✕ ♀ Gaststätten vorbei. Eine Fußgängerbrücke führt zum anderen Ufer und für Autos ist eine mit Betonplatten ausgelegte Furt zu erkennen. Das Ende der 5. Etappe ist erreicht.

Treseburg 🚌 ⇧ ca. 280 m, 115 Ew. 🛏 250 ① 03 94 56 ✉ 38889

🛈	Touristinformation, Ortsstr. 24, ☏ 2 23, FAX 5 60 03,
	✉ treseburg@bodetal.de, 🖥 www.bodetal.de, 🖥 www.treseburg.de
🛏 ✕ ♀	Hotel Bodeblick, An der Halde 1, ☏ 56 10, FAX 5 61 94,
	✉ hotel.bodeblick.treseburg@t-online.de,
	🖥 www.hotel-bodeblick-treseburg.de, EZ ab € 45, DZ ab € 65
♦	Hotel & Restaurant, Zur Luppbode, Ortsstr. 26, ☏ 5 67 51, FAX 56 99 99,
	✉ hotel@luppbode.eu, 🖥 luppbode.eu, EZ ab € 40, DZ ab € 70
♦	Ferienhotel Forelle, Ortsstr. 28, ☏ 56 40, FAX 5 64 44,
	✉ info@hotel-forelle.de, 🖥 www.hotel-forelle.de, EZ ab € 55, DZ ab € 75
☺	Kleine Auswahl, die keinen Anspruch auf Vollständigkeit erhebt!

1458 wird in Treseburg erstmalig eine Eisen- und Kupferhütte urkundlich erwähnt. Der Ort liegt am linken Bode-Ufer an der Einmündung der Luppbode. Der Ortsname stammt vermutlich von der Treteburg, die in den Kämpfen Heinrichs IV. gegen die Sachsen um 1080 erwähnt wird. Die älteren Häuser des nur knapp 120 Einwohner zählenden Ortes bestehen zum größten Teil aus den Steinen der Burg, von der nur noch von Gras überwachsene Grundmauern zu erahnen sind. Sie wurde ursprünglich 965 erbaut und während der Bauernkriege 1525 geschleift.

Um 1900 war Treseburg einer der beliebtesten Fremdenverkehrsorte im Harz. Heute lebt der Ort ausschließlich vom Tourismus und wurde 2002 Luftkurort.

⌘ Im Uhrenmuseum (vornehm: Museum zur Geschichte der Zeitmessung und der Uhrenentwicklung) wird die Geschichte der Uhr über 5.000 Jahre anhand von 500 Ausstellungsstücken (u.a. Sonnenuhren, Wasser- und Feueruhren, Turmuhren, Schwarzwalduhren, Küchenuhren, Wecker, Armbanduhren, Taschenuhren, Uhren in Fahrzeugen, Uhren in technischen Geräten, einmalige Uhren aus eigener Werkstatt) dargestellt.
♦ Uhrenmuseum, R. & S. Fischer, Ortsstraße 11, ☏ und FAX 5 67 32, ✉ Treseburg-Museum@t-online.de

☺ Oberhalb des Ortes befindet sich der 🅿 Aussichtspunkt **Weißer Hirsch** auf einer 415 m hohen Felsklippe, um die sich eine Sage rankt:

Kirche an der Bode

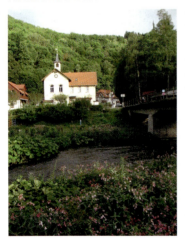

"Der Ritter von der Treseburg war auf einer seiner wilden Jagden hinter einem stattlichen weißen Hirsch her, der, in die Enge getrieben, vor dem Abgrund der Bodeschlucht stockte - als einziger Ausweg blieb nur die Flucht in das Tal der Luppbode. Über Stock und Stein sprang der Hirsch in Panik um sein Leben. Im oberen Tiefenbachtal, das in das Luppbodetal mündet, verschwand der Hirsch plötzlich spurlos."

Dort, wo ihn der Boden verschluckt hatte, wurden später ergiebige Erzadern gefunden, die viele Jahre den Rohstoff für die Eisenhütten in Thale und Altenbrak lieferten. Der Sage nach hat man den weißen Hirsch an jener Stelle noch viele Jahre danach jeweils am Johannistag, am 24. Juni, gesehen.

Etappe 6: Treseburg - Thale

km 0 Eine Straße wird an einer Brücke gekreuzt und an der Ecke steht eine Holzkirche. Oberhalb liegen das ✗ ♀ "Bergcafé" und etwas weiter an der Straße entfernt die ✗ ♀ "Jägerstube" sowie die ✗ ♀ Gaststätte "Zur Luppbode".

Hier befindet sich auch die Kurverwaltung mit dem Bürgermeisteramt. Eine Infotafel weist auf ⇌ 16 (!) Übernachtungsmöglichkeiten in Treseburg hin.

Der Weg führt auf einer Fußgängerbrücke über die Luppbode und durch ein Drehkreuz hindurch geradeaus weiter immer an der Bode entlang. Ein Schild mahnt hier "Gehweg - kein Radweg" und auch sonst ist vieles auf dieser Wegstrecke durch Piktogramme auf einer Tafel verboten.

Eingang ins Bodetal

km 1,8 Eine kleine Felswand mit einer ⊼ Bank und einem Bäumchen, das einen Spalt im Stein gefunden hat.

km 3,1	Ein Felsvorsprung wird mittels eines eisernen Steges umgangen. Ein Bach wird auf einer primitiven Steinbrücke bei ...
km 3,9	überquert, nebenan steht eine ⌂ Schutzhütte. Von nun an ist der Weg mit vielen Infotafeln zur Flora und Fauna des Waldes ausgestattet.
km 4,7	Ein Bach quert, ⊼ Sitzbank.
km 5,8	Die Felsen rücken immer enger zusammen, und das **Bodetal** wird zur Schlucht. Teilweise ist der Hexenstieg jetzt mit einem Geländer versehen.
km 6,5	Der Weg quert einen Schotterhang.
km 7,9	Der ⛰ Aussichtspunkt **Langer Hals** mit gegenüberliegenden schroffen bis zu 200 m hohen Granitfelswänden ist erreicht. Kurz darauf geht es auf gemauerten Stufen abwärts.
	Anschließend führt der Hexenstieg in Serpentinen steil bergab. Hier kann es bei Nässe sehr rutschig sein. Bei ...
km 8,4	ist der schäumende und strudelnde **Bodekessel** erreicht und im höher gelegenen Felsgestein sind Aushöhlungen (sog. Strudeltöpfe) zu erkennen, die belegen, dass der Wasserstand diese Höhe erreichen konnte.
	100 m weiter überqueren Sie auf der "Teufelsbrücke" die Bode. Nach weiteren 300 m gelangen Sie zur **Schurre**. Ein Schild weist hier nach links steil bergauf "Zur Rosstrappe 55 Minuten" und zum gleichnamigen Berghotel hin.

Die **Schurre** wurde 1864 gebaut und teilweise gepflastert. Sie windet sich in 18 Serpentinen steil empor zur **Rosstrappe** (☞ Thale). Die Schurre verläuft durch ein Geröllfeld mit gewaltigen Schuttmassen und bei stärkeren Regenfällen rutscht und "schurrt" das Geröll talabwärts. Der Wanderweg muss deshalb ständig gewartet werden und ist nur ganz trittsicheren Wanderern zu empfehlen. 2010 war die Schurre durch einen Bergsturz komplett wegen Lebensgefahr gesperrt.

> Kurz darauf gelangen Sie an einen überhängenden Felsen mit einer Brücke am Fels entlang. Von hier aus haben Sie einen schönen ⛰ Blick zum gegenüberliegenden Berg mit dem Hexentanzplatz.

km 9,3 Am 🛏 ✕ 🍷 Gasthaus "Königsruhe" führt die **Jungfernbrücke** auf die andere Seite der Bode. Als im Mai 1834 der Preußische König Friedrich Wilhelm IV. hier eine Rast einlegte, wurde ihm zu Ehren das Gasthaus 1875 in "Hotel Königsruhe" umbenannt.

🛏 ✕ 🍷 Gasthaus Königsruhe, ☏ 0 39 47/27 26, FAX 0 39 47/9 17 31, ✉ koenigsruhe@t-online.de, 🖥 www.koenigsruhe.de

Die Jungfernbrücke

Gehen Sie durch den Biergarten der Gaststätte immer weiter an der Bode entlang, bis bei ...

km 9,8 der **Goethefelsen** passiert wird.

Goethe besuchte 1783, 1784 und 1805 das Bodetal und beschäftigte sich u.a. an dieser Stelle mit der Granitverwitterung. Anlässlich seines 200. Geburtstags wurde im August 1949 die bis dahin "Siebenbrüderfelsen" genannte Felsformation umbenannt - obwohl der spätere Geheimrat den Harz (eher touristisch abfällig) als ein Gebirge mit "grausigen Felsmassen und fürchterlichen Schlünden" bezeichnete.

Der Goethefelsen

Der ursprüngliche Name "Siebenbrüderfelsen" stammt aus einer Sage, in der sieben Räuber um eine schöne und gebildete Jungfrau buhlen. Wegen ihres schlechten Rufes werden sie jedoch alle abgewiesen. Gekränkt und blind vor Wut wollen sich die schmachvoll Verschmähten an dem Mädchen rächen und verfolgen sie im Bodetal. Plötzlich bricht ein Unwetter herein, der Himmel verfinstert sich, Blitze zucken und Donner über Donner grollt. Die Räuber verschwinden wie vom Erdboden verschluckt, stattdessen sind sieben Felsengebilde aus zerklüfteten Gestein zu sehen.

300 m weiter überquert die **Katerstiegbrücke** die Bode. Die ehemalige Gaststätte Waldkater - heute 🏠 Jugendherberge - wurde bereits 1842 errichtet und erinnert vom Namen her an die einst hier heimischen und reichlich vorkommenden Wildkatzen. Kurz darauf taucht ein Mast der Kabinenseilbahn auf.

🏠 Jugendherberge Thale, Waldkater, ☎ 0 39 47/28 81,
💻 www.jugendherberge.de/jh/thale (200 Betten, auch Zweibettzimmer).

km 10,8 Talstation der Seilbahn zum Hexentanzplatz und 80 m weiter der Sessellift zur Rosstrappe. Der Weg führt ein letztes Mal auf der Hubertusbrücke über die Bode, dann durch einen Park und das Ende des Hexenstiegs ist bei ...
km 11,4 erreicht.

☺ Wenn Sie Zeit haben, sollten Sie unbedingt mit der Kabinenseilbahn zum Hexentanzplatz hinauffahren. Nachdem Sie sich oben alles angesehen haben, können Sie alternativ auch nach Thale hinunterwandern. Eine weitere

Alternative bietet natürlich auch ein Besuch der Rosstrappe an. Ein Sessellift führt hinauf (☞ Thale).

- Thale Seilbahnen, ☎ 0 39 47/25 00, 🖥 www.seilbahnen-thale.de, 🕐 tägl. 9:30 bis 18:00, Kombikarte für beide Bahnen € 8

Thale vom Sessellift aus

Thale 🚌 🚗 DB ⇧ 174 - 450 m, 13.500 Ew.
🛏 750 ✉ 06502 ☏ 0 39 47

- 🛈 Info Thale, Bahnhofstr. 3, ☎ 25 97, FAX 22 77, ✉ info@thale.de, 🖥 www.thale.de
- 🚕 Taxi in Thale, ☎ 0 39 47/24 35
- ♦ Hotel Zur alten Backstube, Rudolf-Breitscheid-Str. 15, ☎ 77 24 90, FAX 77 24 99, ✉ backstuben@t-online.de, 🖥 www.hotel-thale.de, EZ ab € 42, DZ ab € 68
- 🛏 Hotel-Pension Villa Alice, Walpurgisstr. 26, ☎ 40 06 40 ✉ info@hotel-alice.de, 🖥 www.hotel-alice.de, EZ ab € 46, DZ ab € 69
- ♦ Hotel Haus Sonneneck, Heimburgstr. 1a, ☎ 77 22 57, ✉ Haus-Sonneneck-Thale@t-online.de, 🖥 www.haus-sonneneck-thale.de, EZ ab € 35, DZ ab € 55

- Hoffmanns-Gästehaus, Musestieg 4, ☎ 4 10 40, FAX 41 04 25,
  ✉ info@hoffmanns-gaestehaus.de, 🖥 www.hoffmanns-gaestehaus.de,
  EZ ab € 45, DZ ab € 60
- ☺ Kleine Auswahl, die keinen Anspruch auf Vollständigkeit erhebt!

Archäologische Funde belegen, dass bereits im 8. Jahrhundert an dieser Stelle Menschen siedelten. Viel später erhielt ein Gefolgsmann Karls des Großen den Auftrag, neue und herrenlose Ländereien zu finden und in Besitz zu nehmen. Zu der Zeit war der Harz ein unbekanntes und unwegsames Gelände. Wo der Fluss Bode seine enge Schlucht verlässt, stießen die Gefolgsleute Karls des Großen auf eine Quelle - ein idealer Rastplatz. Dankbar versprach der Graf, hier ein Kloster zu errichten und um das Jahr 825 wurde tatsächlich das Kloster Wendhusen erbaut. Schon bald bildete sich eine kleine Siedlung, die im 11. Jahrhundert erstmals als "Dorf im Tale" (Dorp to dem Dale) erwähnt wurde. Das Kloster wurde im 16. Jahrhundert aufgelöst und heute erinnert nur der fünfgeschossige Wendhusenturm aus der Karolingerzeit an die ehemalige Abtei der Augustinernonnen.

Die Siedlung wuchs beständig, wurde zu einem wichtigen Brennpunkt der Eisenverarbeitung und 1922 erhielt Thale das Stadtrecht. Das wild-romantische Bodetal, der sagenumwobene Rosstrappenfelsen und der Hexentanzplatz sind bekannte Attraktionen in unmittelbarer Nähe der Stadt, die auch Goethe interessierten und ihn vom "gewaltigsten Felsental nördlich der Alpen" sprechen ließ.

Theodor Fontane schrieb 1884 aus seinem Besuch in Thale: "Man ist hier gut aufgehoben, gut bedient und gut verpflegt ...".

⌘ Der **Hexentanzplatz** war sehr wahrscheinlich ein alt-germanisches Felsplateau, an dem in der Nacht zum 1. Mai - der heutigen Walpurgisnacht - Rituale abgehalten wurden. Nach einer These zogen die Sachsen nachts zu ihrer alten Kultstätte, um dort ihre heidnischen Bräuche auszuleben. Die Sachsen hatten die von Karl dem Großen aufgestellten Wachen überlistet, indem sie sich verkleideten, die Gesichter schwärzten, sich mit Besen und Heugabeln bewaffneten und mit großem Geschrei auf die Wachen losgingen. In Panik flohen die christlichen Wächter und erzählten fortan vom schaurigen Treiben der Hexen und Teufel.

Vom Hexentanzplatz aus führt der Sachsenwallweg zur ehemaligen Homburg, deren Überreste sich im Bereich hinter dem Bergtheater befinden.

Zum Hexentanzplatz mit seinen drei teuflischen Figuren, die auf und um Findlinge gruppiert sind, führt eine

Hexe und Teufel auf dem Hexentanzplatz

Kabinenseilbahn hinauf. Sie bietet während der Fahrt ein faszinierendes Panorama mit Blick auf schroffe Felsen, grüne Hänge und die reißende Bode. Weiter sehenswert ist die Allwetter-Rodelbahn "Harzbob" und der Tierpark mit den Wolfs-, Luchs- und Bärengehegen sowie die Walpurgishalle.

⌘ Gegenüber vom Hexentanzplatz liegt die **Rosstrappe**, ein 403 m hoher, markanter Felsvorsprung, der weit in das Bodetal hineinragt. Hier geht es bedeutend ruhiger zu als auf dem lebhaften Hexentanzplatz. Die Attraktion ist der sagenumwobene "Hufabdruck", der aber etwas enttäuscht. Ein Sessellift bietet eine bequeme Fahrt hinauf. Vom "Berghotel Rosstrappe" führt ein felsiger Weg zu verschiedenen Punkten dieses Felsens. Das älteste noch erhaltene Gästebuch stammt übrigens aus dem Jahr 1822, d.h. das Hotel blickt auf eine fast 200jährige Geschichte zurück.

♦ Berghotel Rosstrappe, 06502 Thale, ☎ 0 39 47/30 11, FAX 7 78 58 95,
 🖥 www.berghotel-rosstrappe.de

Die Rosstrappensage geht so: "Auf der Flucht vor dem wilden Böhmenkönig Bodo - der sie gegen ihren Willen freien wollte - rettete sich die schöne Königstochter Brunhilde durch einen waghalsigen Sprung mit ihrem Pferd über das tiefe Tal eines Gebirgsbaches zum gegenüberliegenden Felsen. Mit Mühe erreichte sie diesen, verlor dabei aber ihre Krone. Der Felsen erhielt später den Namen Rosstrappe und noch heute kann man dort den Abdruck des Hufeisens von Brunhildes Gaul bestaunen. König Bodo aber stürzte in das Tal des Baches, der seither seinen Namen trägt ("Bode"). Als Hund verwandelt bewacht er bis auf den heutigen Tag im dortigen Kronensumpf die Krone der Prinzessin."

Rosstrappe von der Seilbahn aus

Zu erreichen ist die Rosstrappe von Thale aus mit dem Auto oder bei schönem Wetter und der nötigen Portion Mut über die Schurre bei km 8,4 beschrieben - oder mit der Sesselliftbahn, die 2005 neu eröffnet wurde. Von der Rosstrappe hat man einen herrlichen Ausblick in das Bodetal und hinüber zum Hexentanzplatz, der sich beinahe in Rufweite befindet.

B: Südumgehung des Brockens

Erosion am Odertal

Diese Route bietet sich beispielsweise an, wenn das Wetter auf dem Brocken für eine Begehung zu schlecht ist (Regen, Schnee, Sturm).

Etappe 7: Torfhaus - Braunlage

km 0 — Kreuzen Sie die B 4 und gehen Sie in den Wald. Der zunächst gut ausgebaute Forstweg knickt in einer Rechtskurve ab und wird zu einem normalen Waldweg. Eine Holzbrücke überquert bei ...

km 1,0 — schließlich den **Flörichshaier Graben**. Hier sind einige Feuchtstellen zu überwinden und teilweise gibt der Boden wegen des torfigen Untergrunds federnd nach. Es folgen einige Gräben und schließlich mündet der Hexenstieg in einen Forstweg.

Hier biegen Sie links ab und richten sich nach dem Schild "2,5 km Oderteich-Damm". Das bisherige Wegstück wurde wegen seiner Lage durch ursprünglichen Fichtenwald und weil es stark von Baumwurzeln durchsetzt ist, "Märchenweg" genannt.

Wenn Sie an der Linksabzweigung nach **Oderbrück** (mit einem 🏠 Naturfreundehaus, 2,3 km) Ihren Blick nach rechts wenden, können Sie unten durch die Bäume hindurch schon das Wasser des Oderteichs schimmern sehen.

🏠 Naturfreundehaus Oderbrück, 37444 St. Andreasberg (Postanschrift),
☎ 05 31/2 80 87 10, 🖥 www.besthostel.de/oderbrueck.html

Mit 1,7 Mio. m^3 Wasserinhalt ist der **Oderteich** die älteste Talsperre Deutschlands, die 1714 bis 1721 angelegt wurde - und 170 Jahre lang war sie auch die größte. Der 166 m lange und 19 m hohe Staudamm besteht auf der Wasserseite aus riesigen Granitblöcken, die teilweise mit Eisenklammern verbunden sind. In den Zwischenräumen wurde eine Kerndichtung aus festem Granitsand eingebracht. Granitgrus hat einen hohen Anteil vom Tonmineral Kaolinit, das bei der Verwitterung von Feldspat entsteht und Sandkörner bindet. Ordentlich festgestampft entsteht eine wasserundurchlässige Dichtungsmasse; größere Stellen wurden mit Blei fugendicht gemacht. Die kleine Hütte auf der Dammkrone, das sog. Striegelhäuschen, dient der Regulierung des Wasserstandes.

30 m hinter einer Holzbrücke biegt ein schmaler Weg in den Wald ab, ausgeschildert mit "Staudamm".

Der Hexenstieg führt zunächst oberhalb des Sees gut ausgebaut weiter, bis er schließlich direkt am See als Bohlenweg ausgebaut ist, der Feuchtstellen überquert und so die Natur schützen soll. Mehrere  Bänke entlang dieses elegant geschwungenen Weges laden zum Verweilen ein.

Der Bohlenweg am Oderteich

km 4,8   Die Staumauer ist erreicht. Überqueren Sie den Damm und begeben Sie sich gleich danach links auf einen treppenartigen Abstieg den 20 m hohen Hang hinunter zum sog. Striegelauslauf, wo der 1717 überwiegend aus Granitsteinen erbaute **Rehberger Graben** beginnt. Nach gut 7 km mündet er in den Oberen Geseher Wasserlauf (bei km 12,1 dieser Wanderung), einen unterirdischen Graben von 450 m Länge.

Folgen Sie dem Graben auf einem schmalen Trampelpfad. Nach 300 m mündet dieser Grabenweg auf einen Forstweg. Hier beschreibt der Graben eine Kurve und ein Bach fügt ihm von

rechts Wasser zu. Auf diesem Wegstück begleitet Sie ein herrlicher Mischwald bis Sankt Andreasberg.

Der Graben führt jetzt oberhalb des weiten Odertales entlang. Er ist hier mit Granitblöcken bzw. -platten abgedeckt, um ihn geschützt in Winterbetrieb halten zu können.

km 5,3 Auf einer Infotafel wird die **Granitverwitterung** unter dem lustigen Namen "Wollsackverwitterung" (☞ Schierke) beschrieben.

100 m weiter befindet sich an einem seitlich einströmenden Bach ein sog. Drecksumpf, ein Absetzbecken für den Graben, in dem sich nach heftigen Regenfällen angeschwemmter Sand und Sedimente absetzen sollen.

km 7,0 ⌂ Schutzhütte mit Tisch und Bänken und 100 m weiter fließt ein Bach hinzu.

km 8,4 Bachzufluss

km 8,6 Der **Goetheplatz** mit drei ⍷ Bank-/Tischkombinationen ist erreicht.

B: Südumgehung - Etappe 7: Torfhaus - Braunlage   107

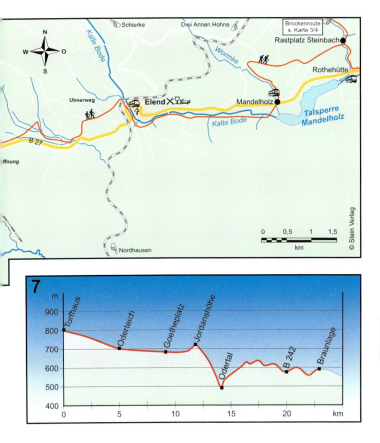

km 9,4   Die verschlossene Hütte des Skiclubs Andreasberg. Unterhalb in der Waldschneise sind mehrere Borkenkäferfallen zu sehen. Während der Graben bisher überwiegend abgedeckt verlaufen ist, ist jetzt ein offenes Teilstück erreicht.

km 10,4 ✕ ♀ Waldgaststätte "Rehberger Grabenhaus" (montags Ruhetag), draußen befindet sich eine Tisch-/Bankkombination zum "Rucksackverzehr".

Das Grabenhaus diente einst als Wohnhaus für den Grabensteiger, der für das Funktionieren des Grabens verantwortlich war. Bei Schneeschmelze oder heftigen Gewitterregen musste immer jemand vor Ort sein, der einer Zerstörung des Grabens durch Wassermassen vorbeugen konnte - bei Tag und Nacht - allzeit bereit. 1811 kam der König von Westfalen (ein Bruder Napoleons) hier durch und extra für ihn wurde ein Festsaal angebaut.

Interessant ist eine Ausstellung von verschiedenen Geweihen von Rotwild bis Hirsch. Es werden u.a. ein einjähriger Spießer und ein ungerader Zwölfender, der 11 bis 12 Jahre alt ist, gezeigt.

100 m weiter an der Asphaltstraße steht eine ⌂ Schutzhütte.

km 11,1 Der **Sonnenberger Graben** mündet in den **Rehberger Graben**. An dieser Stelle biegen Sie links auf den eben verlaufenden Weg ab, der weiter am Rehberger Graben entlangführt.

Regulierungswerk am Sonnenberger Graben

Nach nur 100 m wird eine Pegelanlage erreicht, mit der der Wasserstand automatisch gemessen und registriert wird. Heute wandeln sechs kleine Kraftwerke die Wasserkraft in Elektrizität um. Mit der Stromerzeugung werden die Unterhaltungsarbeiten am Oderteich und am Rehberger Graben beglichen.

km 12,1   Ab hier verläuft der Graben weitgehend abgedeckt. 200 m weiter verschwindet der Graben in den **Geseher Wasserlauf**, der 450 m durch den Berg hindurch nach St. Andreasberg führt.
Der Hexenstieg steigt hier steil bergan auf die 723 m hohe Jordanshöhe. Rechts und links liegen die "Eichsfelder Hütte" (Jugend- und Landschulheim) sowie das ⌂ Naturfreundehaus.

⌂   Naturfreundehaus St. Andreasberg, Jordanshöhe, Am Gesehr 37, 37444 St. Andreasberg, ☏ 0 55 82/2 69, FAX 5 17,
✉ naturfreundeladen@web.de, 🖥 www.besthostel.de

Sie stoßen auf eine Asphaltstraße, der Sie ca. 200 m folgen. Hinter dem Haus der Turngemeinde Northeim biegen Sie links ab in einen Schotterweg, der weiter über eine Naturwiese führt.

Hinweis: Wenn Sie hier statt links abzubiegen geradeaus weitergehen, erreichen Sie in ca. 1,5 km Entfernung das Ortszentrum von St. Andreasberg.

St. Andreasberg   🚌 ↑ 600 - 900 m, 2.200 Ew. ⇌ 3.000
                         ✉ 37444 ☏ 0 55 82

ℹ   Tourist-Information, Am Kurpark 9, ☏ 8 03 36, FAX 8 03 39,
✉ info@sankt-andreasberg.de

⇌ ✕ ⚑   Berghotel Glockenberg, Am Glockenberg 18, ☏ 2 19, FAX 81 32,
✉ info@hotel-glockenberg.de, 🖥 www.hotel-glockenberg.de,
EZ ab € 36, DZ ab € 64

◆   Hotel Rehberg, Clausthaler Straße 4, ☏ 10 09, FAX 86 40,
✉ info@rehberg-hotel.de, 🖥 www.rehberg-hotel.de, EZ ab € 34,
DZ ab € 58

◆   Hotel In der Sonne, An der Skiwiese 12, ☏ 9 18 00, FAX 91 80 20,
✉ indersonne@t-online.de, 🖥 www.indersonne.de, EZ ab € 38,
DZ ab € 60

◆   Hotel Skandinavia, An der Rolle, ☏ 6 44, FAX 99 99 28,
✉ post@hotel-skandinavia.de, 🖥 www.hotel-skandinavia.harz.de,
EZ ab € 40, DZ ab € 66

◆   Hotel-Pension Jagdhütte, Am Gesehr 5, ☏ 6 68, FAX 86 68,
🖥 www.jagdhuette.harz.de, EZ ab € 26, DZ ab € 52

	Hotel garni Vier Jahreszeiten, Quellenweg 3, ☏ 5 21, FAX 5 78, ✉ info@vier-jahreszeiten-harz.de, 🖥 www.vier-jahreszeiten-harz.de, EZ ab € 39, DZ ab € 62
◆	Haus Wilhelmine, Promenadenweg 2, ☏ 6 39, FAX 81 31,
◆	Pension Alfa, St.-Andreas-Weg 1, ☏ 6 96, FAX 18 78, 🖥 www.hotel-pension.alfa.harz.de, EZ ab € 29, DZ ab € 60
◆	Haus Groffmann, Am Gesehr 4a, ☏ 18 58, 🖥 www.haus-groffmann.de, EZ ab € 14, DZ ab € 28
🚐	Wohnmobilstellplatz an der Grube Samson und am Panorama-Hallenschwimmbad.
☺	Kleine Auswahl, die keinen Anspruch auf Vollständigkeit erhebt!

1487 wurde in der Gegend bereits in kleinem Rahmen nach Erz geschürft, wie aus einer überlieferten Urkunde hervorgeht. Als 1520 "… in einer Klippe am Beerberge ein handbreiter Gang mit Glanzertz und reichhaltigen Nestern Rotgülden angeschlagen ward", also erste reiche Silberfunde Gewinn versprachen, erließen die Grafen für ihr Territorium 1521 eine "Bergfreiheit" nach sächsischem Vorbild. Diese Verordnung räumte allen Bergleuten, die in der Grafschaft nach Bodenschätzen schürfen wollten, besondere Vergünstigungen ein. Es war im Land der überwiegend Leibeigenen ein großes Privileg, "frei auf dem Berg zu sein" und dem Stand der Bergleute anzugehören.

Wie ein Lauffeuer sprach sich die Nachricht von bedeutenden Silberfunden im Harz in deutschen Landen herum. Massenhaft strömten Menschen in die raue Wildnis der Berge und was sich am Sankt Andreasberge dann abspielte, war dem Goldrausch am Klondike gleichzusetzen. Nicht nur aufrechte Bergwerksleute, sondern auch allerlei Gesindel versuchten ihr schnelles Glück zu machen. Der lange Arm des Gesetzes reichte noch nicht bis hinauf in die Berge und es herrschte das Recht des Stärkeren, das sogar mit Faust und Waffen durchgesetzt wurde.

Leben und Arbeit gerieten 1528 mit der Einführung der Bergordnung in etwas ruhigere Bahnen. Sie regelte den Betrieb der Gruben, und ein Bergamt fungierte als strenge Aufsichtsbehörde. Gleichzeitig wurden feste Behausungen für die Bergarbeiterfamilien gebaut, die rasch zu einer größeren Siedlung zusammenwuchsen. Diese ersten Häuser standen in der Nähe des heutigen

Marktplatzes, wo es einige Trinkwasserquellen gab. Als das Plateau schließlich besiedelt war, dehnte sich die Bebauung auch auf die angrenzenden Berghänge aus.

Geschlossene Grubenbelegschaften mit eigenen Steigern kamen aus verschiedenen Orten des Erzgebirges in den Harz und brachten ihre Kultur und obersächsische Sprache mit. Sie kamen nicht nur nach St. Andreasberg, sondern auch in die anderen sechs, auf identische Weise entstandenen Bergstädte.

Der Schutzpatron der Mansfelder Bergleute aus dem heutigen Sachsen-Anhalt, der heilige Andreas, war der Namensgeber für St. Andreasberg, das 1537 die Stadtrechte erhielt. Die Stadt hatte damals bereits 300 Häuser und es wurden 116 Gruben betrieben. Im Gegensatz zu den durch Schutzmauern eingeengten Städten des Mittelalters war St. Andreasberg eine vergleichsweise moderne und geplante Stadt mit parallel verlaufenden Straßen. Um 1570, als der Silberbergbau zum ersten Mal boomte, hatte die Stadt bereits über 7.000 Einwohner - das waren mehr als doppelt so viel wie heute.

Idyll am Weg

⌘ Zu Deutschlands bedeutendsten Montandenkmälern gehört die ehemalige **Silbererzgrube Samson**, die heute als Schaubergwerk bis 190 m tief befahrbar ist. Der insgesamt direkt auf dem Erzgang niedergebrachte Schacht reicht sogar bis in eine Tiefe von 810 m. Die aus dem späten 18. und frühen 19. Jahrhundert stammende Anlage mit den zwei Wasserrädern und der Fahrkunst ist auch nach der Schließung 1910 fast vollständig und im Originalzustand erhalten und kann besichtigt werden.

Als Goethe 1777 die Samsongrube besichtigte, reichte der Schacht bereits in eine Tiefe von 400 m. Auf nassen und rutschigen Leitern ging es in endloser, kraftzehrender Kletterei hinunter und wieder hinauf, was der Dichter in seinem Tagebuch so kommentierte: "Ward mir sauer".

1830 war der Schacht bereits mehr als 600 m tief und nur junge Männer konnten die Strapazen des zweieinhalbstündigen Aufstiegs überhaupt bewältigen. 1833 erfand der Zellerfelder Dörell die "Fahrkunst", die aus zwei 657 m langen Gestängen mit Griffen und Tritten bestanden, die sich um 1,60 m nebeneinander auf- und ab bewegten.

Die Bergleute mussten in dem Moment des Stillstandes von dem einen zum anderen Gestänge hinübersteigen, in dem die Umkehrung der Bewegungsrichtung erfolgte. So wurden sie jeweils um 1,60 m nach oben oder nach unten befördert. Ohne sich besonders zu plagen, dauerten das Ein- und Ausfahren jetzt nur noch knapp eine Stunde.

- Bergwerksmuseum Grube Samson, Am Samson 2, 37444 Sankt Andreasberg, ☎ 0 55 82/12 49, FAX 0 55 82/92 30 51,
  grube_samson@t-online.de,
  www.harzer-roller.de/grube/de/frames/text.html

⌘ Das **Harzer Roller-Museum** im Samsoner Gaipel zeigt die Geschichte, die Zucht und Haltung der Harzer Roller (Kanarienvögel), die seit Anfang des 19. Jahrhunderts ein willkommener Nebenerwerb für über 350 Bergleute und ihre Familien war, in einer liebevoll erstellten Ausstellung. 1850 war St. Andreasberg das Zentrum der Harzer-Roller-Zucht und ein einziger Großhändler verkaufte 1882/83 über 180.000 Exemplare in alle Welt.

- Harzer Roller-Kanarien-Museum, Am Samson 2, ☎ 0 55 82/12 49,
  FAX 0 55 82/92 30 51, webmaster@kanarienvogel-museum.de,
  www.kanarienvogel-museum.de

km 14,1 Der Weg führt in einen Wald hinein.
An einer Wegekreuzung befindet sich der Hochbehälter St. Andreasberg, ein Wasserspeicher, ähnlich einem Wasserturm in flachem Land - hier biegen Sie links ab.
Gleich darauf zeigt ein Wegweiser "150 m Brockenblick" an, von wo Sie bei klarem Wetter einen schönen Ausblick auf den Brocken haben können.

km 15,3 Der Hexenstieg zweigt nach rechts ab und es geht bergab, bis zu einer Linkskurve mit einer ⊼ Sitzbank. Hier biegt er links steil bergab in den dunklen Wald hinein und führt hinunter ins **Odertal**. Die Foststraße ist schon durch die Bäume zu erkennen, aber an einer Barriere werden Sie nach rechts abgeleitet.

km 16,7 Holzbrücke mit einem Zufluss der Oder. 200 m weiter ist der asphaltierte Forstweg erreicht und auf einer soliden Brücke wird der Hauptlauf der Oder überquert.

Gaststätte "Rinderstall"

An einer ⊼ Bank auf der linken Seite biegt ein Trampelpfad zur ✗ ♀ Gaststätte "Rinderstall" ab (mittwochs Ruhetag).

Entlang eines Geländers führt der Hexenstieg jetzt ca. 300 m weit steil nach oben, bis er auf einen Forstweg stößt - diesem folgen Sie nach links bergan.

km 18,0 ⛱ Bank

km 18,8 Der Hexenstieg biegt rechts vom Hauptweg ab.

km 19,0 ⛱ Bank und ein Weg zweigt in den Wald ab. 300 m weiter kreuzt der Hexenstieg die Waldstraße, einen asphaltierten Forstweg mit ⛱ Bank und gegenüber geht's geradeaus weiter. Nur 100 m weiter biegen Sie rechts ab.

km 19,4 Der **Silberteich** mit drei ⛱ Bänken auf der Dammkrone ist erreicht. Gleich hinter dem Überlauf biegt der Hexenstieg rechts ab zu einem Waldweg, den Sie kreuzen und weiter bergan steigen. An einem Hochspannungsmast befindet sich eine Wegekreuzung mit einer ⛱ Bank. Gehen Sie geradeaus weiter.

km 20,0 Die B 242, die gut ausgebaute Umgehungsstraße von Braunlage, wird unterquert.

Ausblick über einen kleinen Teil von Braunlage

400 m weiter taucht die 🏠 Jugendherberge von Braunlage auf der rechten Seite auf.

🏠 Jugendherberge, Von-Langen-Str. 28, ☎ 22 38, FAX 15 69,
✉ jh-braunlage@djh-hannover.de

Links neben der Straße führt ein Weg bis zu einem Sportplatz, an dem Sie links abbiegen. Am Waldrand liegen Einfamilienhäuser, ein Bach wird überquert. Der Weg steigt jetzt steil an und oben geht es rechts weiter.

km 23,0 Der Hexenstieg führt über eine offene Bergwiese mit vier ⊼ Bänken und einem schönen 🔭 Ausblick über einen Teil von Braunlage. Am Ende der Bergwiese biegen Sie links ab in die Straße "Unter den Buchen". Nach einem weiteren Kilometer sind Sie im Zentrum von Braunlage.

Braunlage

⇧ 600 - 970 m, 5.200 Einwohner
⇨ 7.400 38700 ① 0 55 20

ℹ Kurverwaltung Braunlage/Tourist-Info, Elbingeröder Str. 17, ☎ 9 30 70, FAX 93 07 20, ✉ tourist-info@braunlage.de, 🖥 www.braunlage.org

🛏✕♀ Hotel Altes Forsthaus, Harzburger Straße 7, ☎ 94 40,
✉ rezeption@forsthaus-braunlage.de, 🖥 www.forsthaus-braunlage.de,
EZ ab € 40, DZ ab € 65

◆ Hotel Recke, Elbingeröder Straße 18, ☎ 10 12, ✉ info@hotel-recke.de,
🖥 www.hotel-recke.de, DZ € 58

◆ Hotel-Pension Haus Elise, Elbingeröder Straße 28, ☎ 92 39 13,
✉ bodo@freenet.de, 🖥 www.haus-elise.net, EZ ab € 30, DZ ab € 60

◆ Hotelpension Harzidyll, Bodestraße 4, ☎ 80 46 68, 🖥 www.harzidyll.de,
✉ joergmachatschek@aol.com, EZ ab € 36, DZ ab € 58

◆ Hotel-Pension Sonnenhof, Herzog-Johann-Albrecht. Straße 50, ☎ 13 26,
✉ s-stopczyk@t-online.de, 🖥 www.sonnenhof-braunlage.de, DZ € 50

◆ Hotel-Pension Kilian, Am Schultal 6, ☎ 15 10,
✉ info@hotel-kilian.de, 🖥 www. hotel-kilian.de, EZ ab € 26, DZ ab € 52

🚐 Wohnmobilstellplatz am Schützenplatz, Schützenstr. 21,
✉ stellplatz-braunlage@t-online.de

☺ Kleine Auswahl, die keinen Anspruch auf Vollständigkeit erhebt!

Um 1200 entstand die erste Ansiedlung um ein Hüttenwerk. 1227 wurde der Name "Brunla" zum ersten Mal urkundlich erwähnt und bis ins 17. Jahrhundert wandelte er sich von "Brunenloha" in "Brunenlo" zu "Braunlohe", dann "Braunlahe" und "Braunlah" in das heutige "Braunlage" um. Die Entwicklung zum Kurort beginnt 1882 mit der Einrichtung einer Anstalt für medizinische Bäder. Nach einer Schneekatastrophe ließ sich Oberförster Ulrichs die ersten Schneeschuhe nach norwegischem Vorbild anfertigen - dies hatte den Beginn des Skilaufens in Braunlage zur Folge. Konsequenterweise erfolgte 1892 durch den Oberförster die Gründung des Skiklubs Braunlage. Somit entstand einer der ältesten Vereine Deutschlands. 1902 wurde die erste Ski-Sprungschanze im Bodetal erbaut, fünf Jahre später folgte die Rodelbahn. 1909 fanden die Deutschen Skimeisterschaften erstmals in Braunlage statt - mit der Einweihung der Brockenweg-Skischanze.

Die deutschen Rodelmeisterschaften wurden 1922/23 durchgeführt und mit der Fertigstellung der **Wurmbergschanze** im selben Jahr fanden wiederum die Deutschen Skimeisterschaften statt. 1934 erhielt Braunlage die Stadtrechte und wurde von 1946 bis 1972 Kreisstadt. 1960 feierte man die Einweihung der neuen Ski-Sprungschanze am Brockenweg.

Im Rahmen der Gebietsreform wurde das 12 km entfernte **Hohegeiß** 1972 in die Stadt Braunlage eingemeindet. Der Landkreis Blankenburg wurde aufgelöst und die Stadt Braunlage dem Landkreis Goslar zugeordnet. 1974 wurde das Eisstadion an der Harzburger Straße eingeweiht. Am 12. November 1989 öffneten sich die Grenze zur DDR. 1994 erfolgte die Sprengung des 81 m hohen Nato-Turms (das Gegenstück zur russischen Spionageanlage auf dem Brocken) auf dem Wurmberg und ein Jahrhunderthochwasser richtete Millionenschäden an.

Der Ausbau der Wurmbergschanze und die Renovierung und Modernisierung der fast 3 km langen **Wurmbergseilbahn** kam 2001 zum Abschluss. Die Fahrt mit der Kabinenbahn über die Mittelstation zur Bergstation dauert 15 Minuten. Die Sprungschanze kann erstiegen werden und von dort oben in rund tausend Metern Höhe ist der Rundblick noch grandioser - der 4 km entfernte Brocken scheint zum Greifen nah.

Ein Teil der Überreste einer steinzeitlichen Kultstätte auf dem Wurmberg von über 1 km Länge wurde durch Bau der Sprungschanze und anderer touristischer Einrichtungen sowie den Straßenbau zerstört. Übrig sind noch die sog. "Hexentreppe", im Anschluss daran ein gepflasterter Weg und der zentrale Teil der Kultstätte. In der Sage wird erzählt, dass die Hexen hier auf ihrem Besenritt rasteten, bevor sie sich auf die letzte Etappe auf den Flug zum Brocken machten.

♦ Wurmbergseilbahn, ☎ 0 55 20/9 99 30, 🖥 www.wurmberg-seilbahn.de, erste Bergfahrt 9:30, letzte Talfahrt 17:00.

Der Tourismus hat heute die größte wirtschaftliche Bedeutung. Braunlage bietet mit Hohegeiß 8.500 Betten in Sanatorien, Hotels, Pensionen, Gästehäusern und Ferienwohnungen. Jährlich besuchen etwa 235.00 Gäste mit gut 1.155.000 Übernachtungen die Stadt.

Etappe 8: Braunlage - Rübeland

km 0 An der Talstation der Kabinenseilbahn auf den **Wurmberg** (971 m) steigen Sie rechts vorbei bergan, kreuzen dann die Große Wurmbergstraße und erreichen schließlich bei ...

km 1,5 die B 27, der Sie 300 m auf der rechten Straßenseite nach rechts bis zu dem Punkt **Grenzöffnung**" folgen. Hier ist am ehemaligen Grenzstreifen direkt an der Bundesstraße ein großes Denkmal aus zwei Felssteinen mit der Inschrift "Deutschland 1989 wieder vereint" aufgestellt worden. Gleich dahinter steht eine 🏠 Schutzhütte.

Rast am Denkmal zur Wiedervereinigung

Auf den sogenannten Kolonnenwegen, also Plattenwegen für Streifenfahrzeuge der NVA, verläuft der etwa 100 km lange Harzer Grenzweg entlang der ehemaligen innerdeutschen Grenze.

Der Hexenstieg führt als Trampelpfad in den Wald hinein, verläuft parallel zur Bundesstraße und stößt dann auf einen Forstweg.

km 3,3 ⌂ Schutzhütte

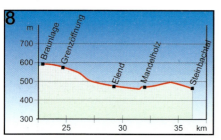

Der Weg schwenkt jetzt nach links von der Straße weg, an einem Holzlagerplatz vorbei und zwischen einem Hochwald und einer Tannenschonung hindurch. In einer scharfen Linkskurve des Forstwegs führt der Hexenstieg nach rechts abknickend in die Schonung. Der Hexenstieg kreuzt einen Plattenweg aus DDR-Zeiten.

Rechts ist in ein paar 100 Metern Entfernung ein 🅿 Parkplatz mit Kiosk ✕ ♀ "Kukkis Erbsensuppe" und ⌂ Schutzhütte zu sehen. Gehen Sie geradeaus weiter. Wenn der Hexenstieg fast die verkehrsreiche Bundesstraße erreicht hat, knickt er nach links ab.

km 4,4 Kleine Holzbrücke

km 4,8 Der Trampelpfad mündet in einen befestigten Forstweg, dem Sie nach links bergan folgen. Später ist eine ⌂ Schutzhütte mit ⊼ Bank und Tisch erreicht.

km 5,5 Gehen Sie an einer T-Kreuzung geradeaus weiter. 150 m später führt der Weg an einer Bank nach rechts in den Wald hinein und wird ab hier als Ulmerweg bezeichnet.

km 5,9 Die Schmalspurbahngleise der 🚂 Harzquerbahn nach Nordhausen werden gekreuzt. Es verkehren mehrmals täglich Züge auf dieser Strecke, davon aber nur zwei mit Dampflok.

Gehen Sie bergab zur B 27.

Direkt an der Bundesstraße in **Elend** befindet sich das "Waldschlösschen", das vor ein paar Jahren abgebrannt und nur noch als Ruine vom Zug aus sichtbar ist.

Überqueren Sie die Straße und dann den Parkplatz der ✕ ⚲ Gaststätte "Waldmühle". Auf diese Weise gelangen Sie rechts auf einer Stahlbrücke über die **Kalte Bode** (☞ Etappe 4, km 10,4).

Vor Ihnen liegt jetzt die schöne Holzkirche von Elend aus dem Jahr 1897 auf einer riesigen Wiese. Sie ist die kleinste Holzkirche Deutschlands mit einer Grundfläche von nur 5 x 11 Metern - bietet aber immerhin 80 Gläubigen Platz.

Holzkirche in Elend

Elend   🚆 🚌 Harzquerbahn ⇧ 510 m, 2.700 Ew.
        ⇌ 280 ☎ 03 94 55 ✉ 38875

🛈   Tourist-Info, Hauptstr. 19, ☎ 3 75, FAX 5 87 40, ✉ info@elend-harz.de,
    🖥 www.elend-harz.de

🛏✕⚲ Hotel Waldmühle, ☎ 5 12 22, FAX 5 88 32, Braunlager Straße 15,
    ✉ hotel.waldmuehle@t-online.de, 🖥 www.harz-hotel-waldmuehle.de,
    EZ ab € 33, DZ ab € 56

Pension Bodetal, Hauptstraße 28, ☏ 3 81, 📱 01 72/5 16 39 32
Zusätzlich eine Vielzahl an Ferienwohnungen und Zimmer in Privathäusern, die aber selten an Wanderer nur für eine Nacht vermietet werden.

Im 16. Jh. wurde eine Sägemühle gebaut und 1780 folgte eine Eisenhütte. Die Arbeiter siedelten sich bald in der Nähe des Werks fest an und das Dorf Elend entstand. Der etwas ungewöhnliche Name bedeutet "Ausland" (eli elendi) und stammt von den Mönchen von Ilsenburg und Walkenried, die auf ihren Pilgerwanderungen nach Rom im Elendstal Rast machten.

Nach der Stillegung der Eisenhütte im Jahr 1863 zogen die meisten Hüttenarbeiter mit ihren Familien fort und die einzige Erwerbsquelle war die Forstwirtschaft. Bereits 1899 fuhr die Harzquerbahn durch den Ort und nach dem Ersten Weltkrieg kam langsam der Fremdenverkehr auf, der bescheidenen Wohlstand brachte - im Sommer 1925 gab es immerhin schon 31.550 Übernachtungen.

Sogar in der Literatur kommt das Elendstal vor: 1777 weilte Goethe im Bodetal, um seine Abhandlungen über Granit zu schreiben. Er war von der Gegend so beeindruckt, dass er sie in die Walpurgisnachtszene seines "Faust I" einbrachte.

Gut zu laufen ...

Der Schriftsteller *Wilhelm Raabe* (1831-1910) ließ seine Erzählung "Else von der Tanne" in Elend zur Zeit des Dreißigjährigen Kriegs spielen und beschrieb die Gegend so:

"Es schneite heftig, und es hatte fast den ganzen Tag hindurch geschneit. Als es Abend werden wollte, verstärkte sich die Heftigkeit des Sturmes; das Gestäube und Gewirbel um die Hütten des Dorfes schien nimmer ein Ende nehmen zu wollen; verweht wurden Weg und Steg. Im wilden Harzwald, nicht weit von dessen Rande die armen Hütten in einem Häuflein zusammengekauert lagen, sauste und brauste es mächtig. Es knackte das Gezweig, es knarrten die Stämme; der Wolf heulte, wenn die Windsbraut eine kurze Minute lang Atem schöpfte; - man schrieb den 24. Decembris im Jahr 1648."

Im Elendstal (heute größtenteils Naturschutzgebiet) findet sich noch der ursprünglich für den Harz typische Mischwald, der sonst im Harz den schnell wachsenden Fichten weichen musste, um den Holzhunger der Bergwerke zu stillen. Das Flussbett der Kalten Bode ist von großen Felsbrocken durchsetzt und die Berge um das Tal sind von mächtigen Gesteinsklippen umgeben. Im "Faust" hat Goethe das Elendstal als Ort der Walpurgisnacht verewigt.

Oberhalb des Tales stand im Mittelalter die Elendsburg, die von Benediktinermönchen als Kloster bewohnt wurde. Von dieser einstigen Festung sind über die Jahrhunderte bis heute nur noch ein paar Gräben und Steinbrocken übrig geblieben.

Ein Kurgast reimte einmal in einem Gästebuch begeistert:

> "Elend ist kein schönes Wort
> für diesen wunderbaren Ort
> allhier im grünen Bodetal.
> Dies Wort, es klingt so arm und schal."

        Gehen Sie wieder zurück über die Brücke und danach steil links hoch zur Bundesstraße. Nach nur 100 m zweigt nach links ein Forstweg in den Wald ab, dem Sie folgen. Der Hexenstieg verläuft nun oberhalb der Kalten Bode.

km 8,5   Ein Trampelpfad verlässt den bisherigen Weg nach links. Nachdem eine Wildblumenwiese überquert ist, gehen Sie auf einer Metallbrücke über den Fluss und der Hexenstieg führt in den Wald hinein.

km 9,2   Sie stoßen auf die B 27 in Mandelholz. Biegen Sie hier rechts ab und gehen Sie am ⛁ ✕ ♇ Hotel/Restaurant "Grüne Tanne" vorbei.

⛁ ✕ ♇ Hotel Grüne Tanne, 38875 Elend, ☏ 03 94 54/4 60, FAX 03 94 54/4 61 55, ✉ hotel@mandelholz.eu, 🖳 www.mandelholz.eu

Direkt hinter diesem Grundstück biegen Sie links ab und nach nur 50 m zweigen Sie rechts ab in das **Wormketal**.

km 10,0 ⊼ Bank und eine Infotafel zur Montangeschichte.

km 11,5 Der Hexenstieg stößt auf einen gut ausgebauten Forstweg. Unmittelbar darauf biegen Sie rechts in einen leicht ansteigenden Weg ab.

km 13,8 Das **Steinbachtal** ist erreicht. Eine ⌂ Schutzhütte und ⊼ Bänke und Tische laden zum Verweilen ein.

Rastmöglichkeit im Steinbachtal

Hinweis: Hier vereinigt sich die Südumgehung des Hexenstiegs mit dem Hauptweg (Etappe 4, km 7,7 auf Seite 64), der über den Brocken führt. Von hier sind es noch 11,3 km nach Rübeland.

Hinweis: Hier stößt die südliche Brockenumgehung des Hexenstiegs von Torfhaus wieder auf den Hauptweg. Diesen Weg beschreibe ich im letzten Kapitel.

C: Südroute über Hasselfelde

Schutzhütte

Etappe 9: Königshütte - Altenbrak

Diese Route (auch als Köhlerpfad bekannt) ist eine Alternative für diejenigen, die entweder Rübeland schon kennen oder Hasselfelde kennen lernen möchten. Sie beginnt an der Brücke bei Königshütte über die Warme Bode, ☞ Kapitel A: Etappe 4, km 10,4.

km 0   Falls die in 2009 einsturzgefährdete Brücke über die Warme Bode noch gesperrt ist, gehen Sie am 🅿 Parkplatz entlang weiter und überqueren den Fluss auf einer neuen schmalen Fußgängerbrücke an einem Wehr. Am gegenüberliegenden Ufer gehen Sie nach rechts.

km 0,8   Der Hexenstieg verlässt in einer weiten Linkskurve das Bodetal und steigt zunächst stetig bergan, um alsbald eben zu verlaufen. Wenn Sie sich am höchsten Punkt umdrehen, können Sie von hier den Brocken sehen.

km 2,7   Kreuzung mit dem Höhenweg "Die Lange" ⌂ ⊼, der einst ein wichtiger Handelsweg war und gleichzeitig auf einer Wasserscheide verläuft. Eine Tafel weist auf den Weg der Könige hin, der einst auch vom Welfenkönig Heinrich der Löwe benutzt wurde.
Der Weg führt anschließend durch das Steinbachtal mit einem idyllisch gelegenen Teich.

km 4,5   Ausblick auf die Staumauer, die Sie überqueren und auf der anderen Seite rechts leicht bergan gehen. Nach etwa 300 m passieren Sie eine ⌂ Schutzhütte.
Im weiteren Verlauf des Hexenstiegs erreichen Sie eine verwirrenden Wegekreuzung. Folgen Sie hier dem Verlauf des Hauptforstweges an der Trageburg vorbei. Bis auf einige Unebenheiten, vermutlich Gräben, ist hier nichts mehr zu erkennen.

km 7,0   Der Weg führt an einem kleinen Bach entlang und überquert ihn kurz darauf. Durch das Große Mühltal erreichen Sie bei ...

km 9,2   die **Hasselvorsperre**, die der Wasserreinigung dient. Hier biegt der Hexenstieg scharf rechts ab und führt immer am Stausee entlang. An einem Parkplatz für Angler bleiben Sie am Seeufer und folgen dem grasbewachsenem Weg.

km 10,7 Vor Ihnen liegt die Hagenmühle, eine einst vom Hagenbach angetrieben Wassermühle, heute ein Drei-Sterne-Hotel mit Restaurant der gehobenen Klasse (mit Biergarten).

Hotel Hagenmühle, Hagenstr. 6, ☏ 03 94 59/7 00 50, dienstags Ruhetag, 🖥 www.hotel-hagenmuehle.de, EZ ab € 38, DZ ab € 75

Folgen Sie einer Birkenallee und Sie erreichen bei ...
km 11,6 Hasselfelde. Hier überqueren Sie an einem Buswendeplatz die B 242 und gehen 200 m hinunter zum Bahnhof.

Triebwagen der HSB im Bahnhof Hasselfelde

Hasselfelde Selketalbahn (HSB) ⇧ 465 m, 3.300 Ew.
 900 ☏ 03 94 59 ✉ 38899

🛈 Tourist-Info, Breite Straße 17, ☏ 7 13 69, 🖥 www.hasselfelde.de
 Hotel Zur Krone, Breite Straße 22, ☏ 7 39 80, FAX 73 98 55,
 ✉ hotel@krone-harz.de, 🖥 www.krone-harz.de, EZ ab € 40, DZ ab € 65
☺ Kleine Auswahl, die keinen Anspruch auf Vollständigkeit erhebt!

C: Südroute - Etappe 9: Königshütte - Altenbrak

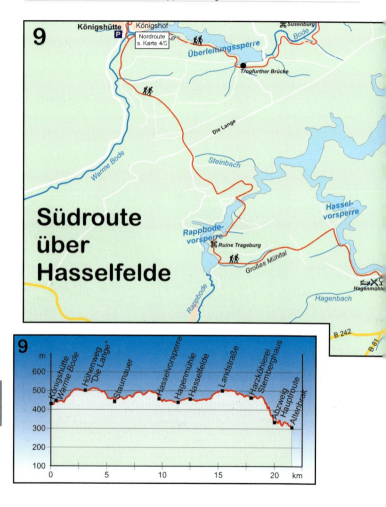

Die Selketalbahn (HSB) macht hierher einen Abstecher von der Hauptstrecke Wernigerode-Quedlinburg von Stiege aus. Leider war die Gaststätte im hübschen **Bahnhof** 2010 geschlossen, was sicherlich

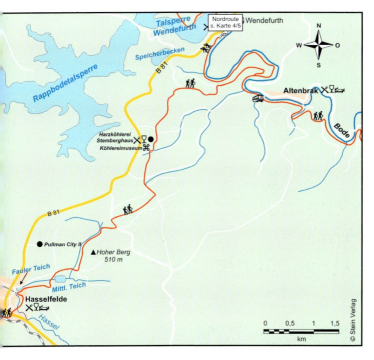

auch mit dem dünnen Bahnfahrplan zu tun hat. Nur viermal täglich fahren Triebwagen und einmal täglich am späten Nachmittag ein dampflokbetriebener Zug die Stadt an. Am Bahnhof sind u.a. ein Schneepflug der Deutschen Reichsbahn sowie ein Lokomotivkessel ausgestellt.

Hasselfelde wird erstmalig Anfang des 11. Jahrhunderts urkundlich erwähnt und erhielt 1222 das Stadtrecht. Zur Entstehung trug im wesentlichen die Kreuzung der beiden Handelswege Trockweg (in Nord-Süd-Richtung) und Hoher Weg (in West-Ost-Richtung) bei. Die Stadt brannte im Laufe der Jahrhunderte mehrfach vollständig ab, so dass kein Gebäude aus der Zeit 1890 stammt.

Im Haus des 🛈 Gastes wurde ein ⌘ **Heimatmuseum** eingerichtet, das die Wohngegebenheiten Ende des 19. Jahrhunderts zum Thema hat. Gedacht wird auch an den in der Stadt geborenen Dr. Hermann Blumenau, der einst nach Brasilien auswanderte und dort die heutige Großstadt Blumenau gründete.

Sehenswert ist die **St. Antoniuskirche** am Marktplatz mit einem erst 2002 wieder freigelegten und restaurierten Bild an der Altarwand.

km 11,8 Gehen Sie zunächst entlang der Bahnlinie bis die Straße nach 500 m links abknickt und die B 242 wieder überquert wird. An dem Bach Hassel entlang durchqueren Sie den **Kurpark** diagonal und stoßen bei ...

km 12,8 unterhalb des **Käserberg** (Kaiserberg) auf einen Gedenkstein, der an Gefallene (60 amerikanische und 30 deutsche Soldaten) des Zweiten Weltkriegs erinnert. Die Kämpfe dauerten mehrere Tage, da die Waffen-SS Hasselfelde zur Festung erklärte und die umliegenden bewaldeten Hügelrücken gut zur Verteidigung geeignet erschienen.

Biegen Sie am Gedenkstein nach rechts in einen Weg ab, der am Mittelteich vorbei über eine offene Feldflur auf den bewaldeten **Hoher Berg** zuführt.

km 14,1 Biegen Sie im rechten Winkel nach links ab und gehen Sie unterhalb des Berges am Waldrand auf dem Köhlerstieg weiter. Von hier aus können Sie in etwa 800 m Entfernung die Anlage der **Pullman City II**, einem Western-Erlebnispark, ausmachen.

km 14,9 An einer △ Schutzhütte im Stil einer alten Köhlerhütte (📷 Seite 123) schwenkt der Weg nach rechts und stößt nach gut 200 m auf eine Landstraße, der Sie 200 m nach links folgen. Nach gut 100 m biegen Sie rechts in einen Waldweg ein.

km 16,2 Der Hexenstieg stößt auf den Siebengründeweg, in den Sie nach links einbiegen. Das folgende Wegstück könnte man getrost als "Köhlerlehrpfad" bezeichnen, denn es sind u.a. einige alte Köhlergruben (Erdmeiler) ausgeschildert.

km 17,7 Der Weg führt fast bis an die B 81 heran, schwenkt dann aber wieder ab und nach ca. 400 m ist die **Harzköhlerei Stemberghaus** erreicht. Die Köhlerei ist noch in Betrieb, stellt Holzkohle auf traditionelle Art in Erdmeilern her und kann besichtigt werden.

Holzkohle war bis zum Beginn des 19. Jahrhunderts der einzige Brennstoff, der Temperaturen bis zu 1.200 °C erreichen konnten - unbedingt notwendig um Erze aus den Gruben verarbeiten zu können. Steinkohlefunde lösten schließlich die Holzkohleherstellung der Köhlereien ab. Heute wird Holzkohle im wesentlichen zum Grillen, Filtern und in der Medizin sowie Chemie verwandt. Das einzige deutsche **Köhlereimuseum** mit Souvenirshop schließt sich an und im Biergarten werden Imbissgerichte und Getränke angeboten.

✗ ♇ Harzköhlerei Stemberghaus, ☏ 03 94 59/7 22 54,

 www.harzkoehlerei.de, 🕙 Anfang April bis Ende Okt. täglich 9:00-18:00

Rauchende Köhlerei

km 17,9 Der Hexenstieg führt zunächst am Zaun der Köhlerei entlang weiter in den Wald.

km 18,8 Scharfer Wegknick nach links und gleich darauf nach rechts abbiegen.

km 20,4 Der Hexenstieg verliert an Höhe und nach einer engen Rechtskurve mündet diese Alternativroute in den Hauptweg Route A (☞ Etappe 5, km 15,1).

km 21,4 **Altenbrak** ist erreicht.

In und um Deutschlands schönsten Gegenden unterwegs mit OutdoorHandbüchern aus dem Conrad Stein Verlag

ISBN 978-3-86686-164-0
Band 164, € 12,90 [D]

ISBN 978-3-86686-163-3
Band 163, € 12,90 [D]

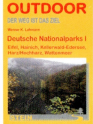

ISBN 978-3-86686-269-2
Band 269, € 12,90 [D]

ISBN 978-3-86686-218-0
Band 218, € 7,90 [D]

ISBN 978-3-86686-225-8
Band 225, € 12,90 [D]

ISBN 978-3-86686-219-7
Band 219, € 9,90 [D]

ISBN 978-3-86686-245-6
Band 245, € 12,90 [D]

ISBN 978-3-86686-234-0
Band 234, € 12,90 [D]

ISBN 978-3-86686-248-7
Band 248, € 12,90 [D]

ISBN 978-3-89392-547-6
Band 147, € 12,90 [D]

ISBN 978-3-86686-202-9
Band 202, € 9,90 [D]

ISBN 978-3-86686-154-1
Band 154, € 12,90 [D]

ISBN 978-3-86686-255-5
Band 255, € 9,90 [D]

ISBN 978-3-86686-250-1
Band 250, € 12,90 [D]

ISBN 978-3-86686-240-1
Band 240, € 12,90 [D]

ISBN 978-3-86686-113-8
Band 113, € 12,90 [D]

ISBN 978-3-86686-258-6
Band 258, € 12,90 [D]

ISBN 978-3-86686-220-3
Band 220, € 9,90 [D]

ISBN 978-3-86686-267-8
Band 235, € 12,90 [D]

ISBN 978-3-86686-241-8
Band 241, € 12,90 [D]

ISBN 978-3-86686-310-1
Band 226, € 16,90 [D]

ISBN 978-3-86686-249-4
Band 249, € 12,90 [D]

ISBN 978-3-86686-155-8
Band 155, € 12,90 [D]

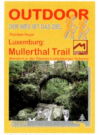

ISBN 978-3-86686-266-1
Band 266, € 9,90 [D]

Jeweils beschriebener Wegverlauf siehe Karte nächste Seite!
Alle Bücher können in jeder Buchhandlung, in vielen Ausrüstungs- und
Sportgeschäften oder unter www.conrad-stein-verlag.de bestellt werden.
Conrad Stein Verlag, Kiefernstr. 6, 59514 Welver, ☎ 02384/963912

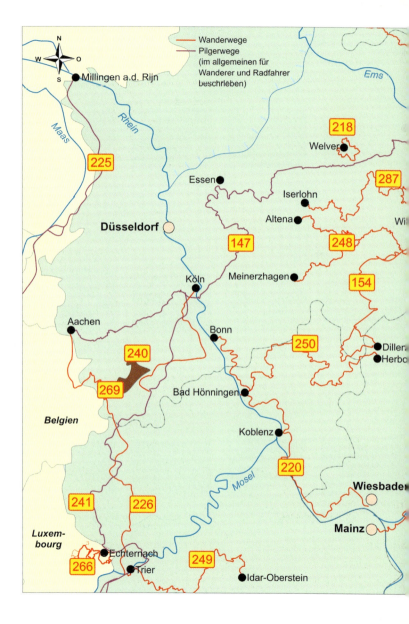

Index

Der Hutthaler Teichdamm

Index

A
Abbegraben	65
Ahrensklintklippe	73
Altenau	55, 60
Altenbrak	90
Aussichtspunkt Weißer Hirsch	94

B
Bielshöhle	85
Bodekessel	96
Bodetal	96
Braunlage	115
Brocken	69
Brockenbett	73
Buntenbock	45

D
Drei Annen Hohne	78
Dreieckige Pfahl	68

E
Eisenquelle	54
Elend	119
Entensumpf	50

F
Falkenklippe	93
Feuersteinklippen	74, 75
Fieke-Märtens-Quelle	54
Flörichshaier Graben	104
Förster-Ludewig-Platz	60

G
Geseher Wasserlauf	109
Goetheweg	64
Granitverwitterung	106
Große Oker	58

H
Hermannshöhle	85
Hexentanzplatz	100
Hutthaler Graben	51
Hutthaler Widerwaage	50

J
Jungfernbrücke	97

K
Kapellenklippen	73
Katerstiegbrücke	98
Kleine Oker	59
Königshütte	79
Königshütter Wasserfall	79

L
Langer Hals	96
Lerbach	43

M
Magdeburger Weg	62
Mangelhalber Tor	45

N
Nabetaler Graben	62
Nabetaler Wasserfall	62
Nationalpark Harz	73
Neuwerk	86

O
Oberen Nassenwieser Teich	49

Oderbrück	104	Sösestausee	42
Odertal	113	Sperberhaier Damm	52
Oderteich	104	St. Andreasberg	109
Osterode	36	Steilen Wand	62
		Steinbachtal	79, 122
		Susenburg	82

R

Rehberger Graben	105		
Rosstrappe	96	T	
Rotenberger Wasserlauf	52	Talsperre Wendefurth	87
Rothehütte	79	Thale	99
Rübeland	84	Torfhaus	63
Rübelandbahn	84	Treseburg	93

S

Schierke	74	W	
Schmiedeknechthöhle	86	Wagners Winkel	60
Schnarcherklippen	76	Walpurgisnacht	75
Schurre	96	Wollsackverwitterung	75
Schwarzenberger Wasserlauf	51	Wormkegraben	77
Silberbrunnen	60	Wormketal	122
Silbererzgrube Samson	112	Wurmberg	117
Silberteich	114		
Sonnenberger Graben	108	Z	
		Ziegenberger Teich	46